JN037373

金融機関の仕事編で学んでほしいこと

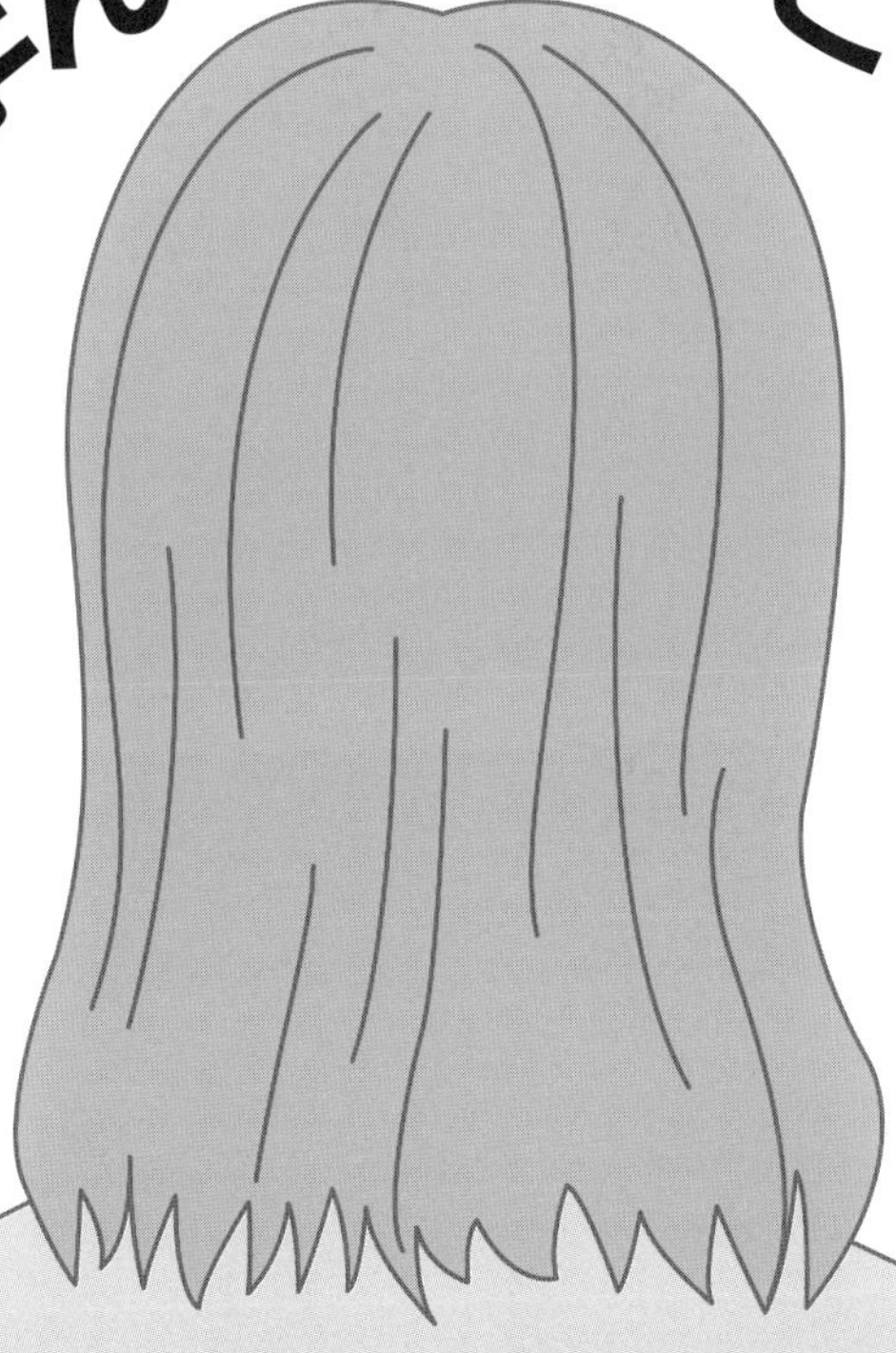

銀行員としてスタートを切るみなさん、いまは、期待と不安で胸がいっぱいのことでしょう。これからは社会人・銀行員として、責任ある態度が求められます。

すでにみなさんの多くは一利用者として銀行とかかわりをもたれていたかと思います。アルバイトの給料を受け取ったり、振込みをしたり、定期預金や　積立をなさっている人もいるでしょう。わざわざ意識しなくても何気なく利用している、つまり、日常生活においてなくてはならない存在が銀行です。

銀行を利用する際、みなさんは銀行にはどうあってほしいと思っていたでしょうか？　いままで自分が銀行に対して抱いてきたイメージや希望を、今度は実現していく立場になるのです。

銀行は民間企業でありながら公共性が求められている点から、ほかの一般企業とは大きくその役割が異なっています。企業として、銀行員一人ひとりの信用と信頼が、何よりも要請されるのです。

本分冊では、これからみなさんの職場となる「銀行」がどのような役割を担い、どのような金融サービスを提供し、社会とどのようにかかわっているのかを学んでいきます。そのなかには「こんなこともできるの!?」と、いままで知らなかった銀行の「?」が解き明かされることでしょう。

このテキストが少しでも不安を解消し、銀行員として自信をもってスタートするためのお役に立つことができたら幸いです。

※本書で「銀行」という場合は、銀行、信用金庫、信用組合など預金等受入金融機関全般を指すものとします。「銀行員」という場合は、同様にその職員を指すものとします。なお、本書のデータや情報等は、2023年5月までのものを用いています。

CONTENTS

セールスの基本

1 CSとは何だろう ―――― ❹
2 セールスとは何だろう ―――― ❻
3 顧客本位の業務運営 ―――― ❽
(フィデューシャリー・デューティー)
4 取引の相手方 ―――― ❾
コラム 銀行トリビア ―――― ❿

総論
プレ・ゼミ 金融機関の仕事

銀行の役割って何? ―――― ⓬
金融市場と金利の仕組み ―――― ⓮
知って得する銀行サービス ―――― ⓰
コラム 銀行のことア・ラ・カルト ― ⓲

1 銀行実務の基本とコンプライアンス

銀行事務の基本 ―――― ⓴
コンプライアンスって何? ―――― ㉒
Point Check! ―――― ㉔

2 お金を預かる(預金業務)

預金のいろいろ ―――― ㉖
資産運用商品のいろいろ ―――― ㉘
金融商品の特徴とライフプラン ― ㉜
金利の話 ―――― ㉞
Point Check! ―――― ㊱

3 お金を貸す(融資業務)

融資の基本 ―――― ㊳
融資の形態 ―――― ㊵
融資業務の流れ ―――― ㊷
Point Check! ―――― ㊹

4 お金を送る(為替業務)

内国為替の仕組み ―――― ㊻
でんさいネット ―――― ㊽
小切手について ―――― ㊿
手形について ―――― 52
外国為替の仕組み ―――― 54
Point Check! ―――― 56

銀行でよく出る単語集(用語解説) ― 57

セールスの基本

P4 1 CSとは何だろう

P6 2 セールスとは何だろう

P8 3 顧客本位の業務運営（フィデューシャリー・デューティー）

P9 4 取引の相手方

P10 コラム 銀行トリビア

セールスの基本

1　CSとは何だろう

CSの意味

CSとは、Customer Satisfaction の略で「顧客満足」という意味です。「お客さま中心」の考え方でとらえ、お客さまの期待を上回るように、自社の商品やサービスを提供することでCSは高まります。こうした取組みの結果、お客さまに満足していただき、選ばれる企業となることが、企業がCSを高める理由です。

CSは、あらゆる産業で必要とされており、私たち銀行員も日々CSに取り組んでいます。CSを言葉だけの理解ではなく体現していくために、何が必要なのか、私たちのどんな行動がCSにつながるのかを考えてみましょう。

なぜ金融機関にCSが求められるのか

「金融自由化」以来、さまざまな業態からの新規参入が相次いでいます。ネット銀行も当たり前になり、お客さまの獲得競争は激化しています。

銀行の店舗に限らずコンビニエンスストアや駅に設置されたATMでは、時間を気にせず入出金できます。スマートフォンやパソコンなどのリモートチャンネルでは、口座間の振替えや振込みも可能です。また、キャッシュレス決済も普及してきました。その結果、銀行が営業時間を拡大し、休日や夜間営業をしても、店舗の窓口で接点をもつことができるお客さまの数は減少しています。こうしたことも競争を激化させています。

銀行で取り扱っている商品・サービスは基本的には同じものです。同じ駅の前に銀行が2軒並んでいたとしたら、お客さまは何を基準に取引銀行を選ぶでしょうか。一つの判断基準がCSです。銀行は公共性・社会性の高い仕事をしているサービス業です。銀行に対して、お客さまの期待は他の産業以上に高いことを認識してください。

お客さまの期待を上回る感動のサービス

CSは、一言でいえば「お客さまの事前の期待を超えること」です（図表1）。

お客さまは、あらかじめ、銀行の対応やサービスに対して

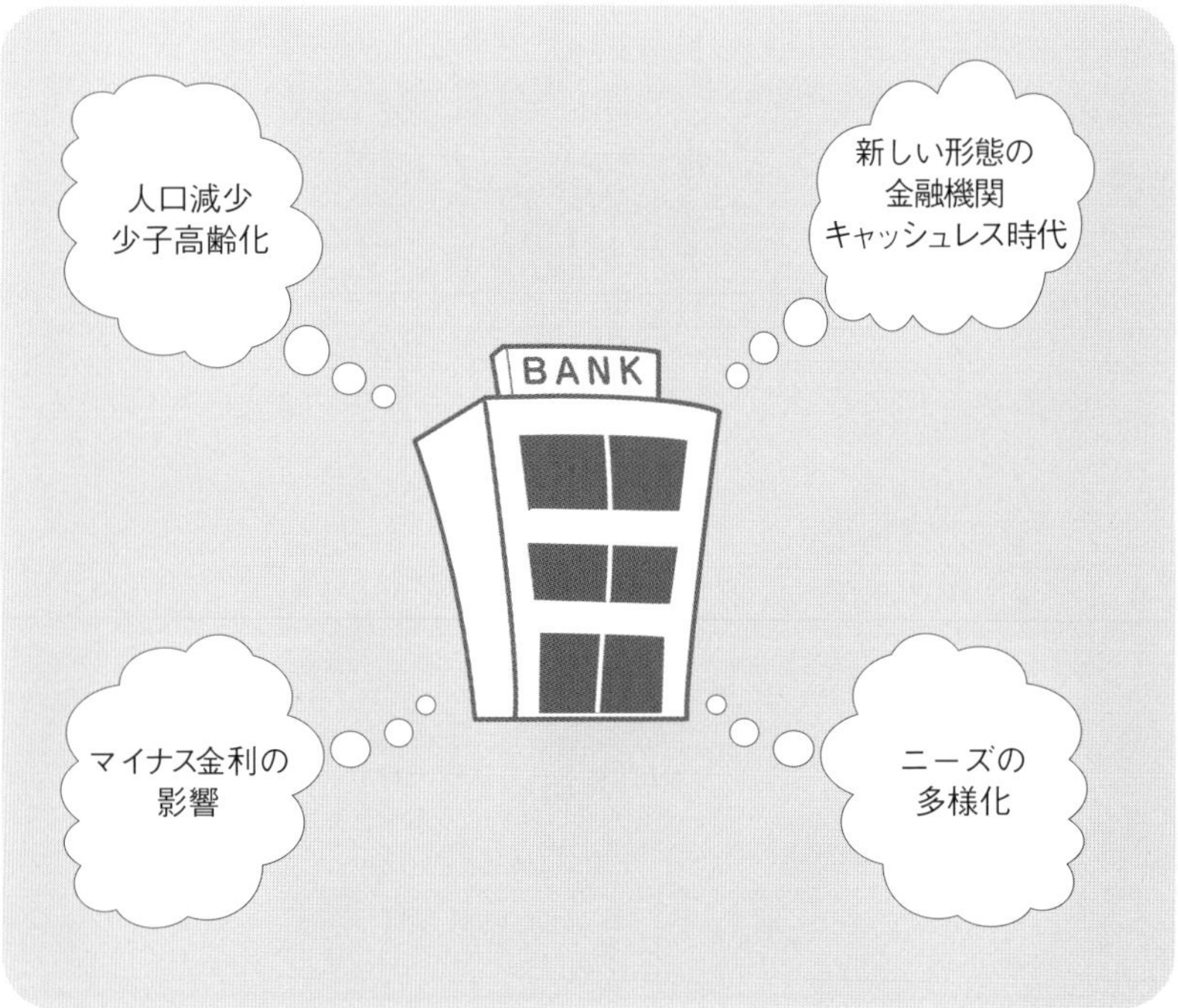

「この程度はできて当たり前だろう」と予測しています。お客さまは、実際の対応が、自分の予測を上回ったときに、「よい対応やサービスを受けた」と満足を感じます。つまり、お客さまに満足していただくためには「お客さまの事前の期待を超える」ことが必要なのです。

そうはいっても、お客さまの期待や価値観は人によって違いますし、同じ人でもその時々で違ってきます。しかし、できて当たり前の対応・サービスであれば、ほかによりよいところがあれば、乗り換えてしまうでしょう。

期待を上回る対応・サービスが提供され、「感動」を感じてくだされば、お客さまとよりよい取引関係を構築することができ、お客さまは、リピーター、ひいては固定客（ファン）になってくださる可能性もあります。固定客（ファン）となったお客さまの好意的な口コミが広がれば、新規顧客の獲得にもつながります。逆に期待を下回るサービスや商品を提供すると、お客さまは不満を口にせず離れてしまったり、ツイッターなどで悪い口コミを流したりします。

悪い口コミは、よい口コミよりも強い影響力をもちます。お客さまの期待を上回る対応やサービスを「継続的に」提供することが必要なのです。

図表1

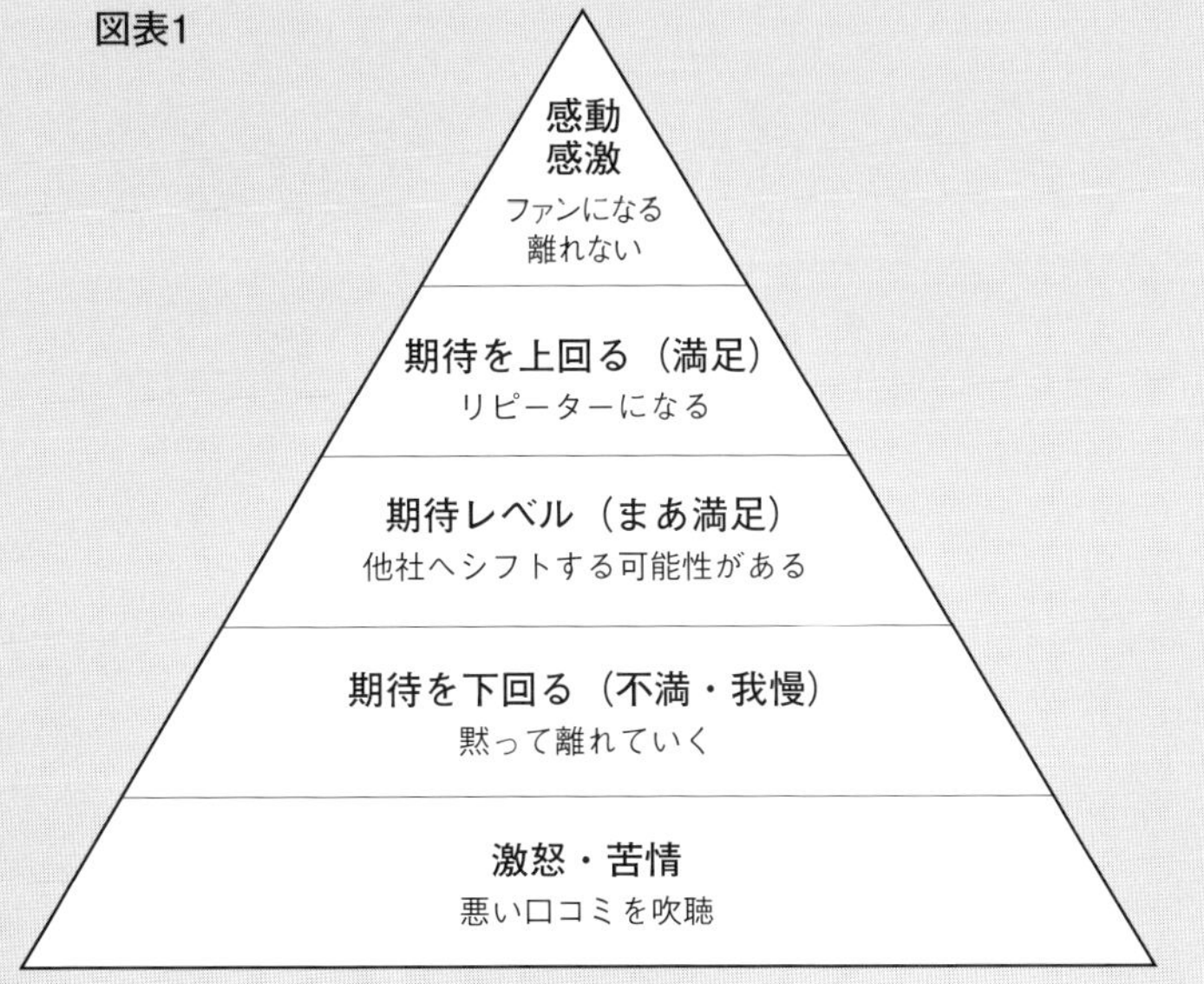

金融機関の目指すCS

お客さまのニーズも多様化しています。このお客さまが感動したからといって、他のお客さまもそうとは限りません。私たちは積極的に「個々のお客さまの期待を超える対応・サービスをする姿勢」が必要です。それには、まずは、やるべきことをしっかりとやりましょう。やるべきこととは、お客さまの「本質的なニーズ」と「心情的なニーズ」に応えることです。たとえば、「本質的なニーズ」とはご用件は正しく間違えないで手続をする。「心情的なニーズ」とは、お客さまのことをよく知る、思いやりの心で行動する等です。

そのうえで、お客さまの目線に立ち、「どうしたらお客さまに喜んでもらえるか」、お客さまの様子をよく観察し、傾聴し、期待や思いをくみ取りましょう。そして、お客さまに最適な商品・サービスを提供するようにします。

①お客さまの話し相手、相談相手になる
②お客さまのニーズや価値観をつかむ
③お客さまに合った情報・商品を提供する

このプロセスを実践することで、お客さま自身も気づいていないニーズを発掘できたり、問題の改善・解決策を提案したりすることができます。このプロセスを覚えておいてください。これはすべて、セールスの手順そのものでもあります。

最終的に銀行の目指すCSとは、お客さまに、総合的な金融サービスを提供し、金融面から支援することで、お客さまに幸せになっていただき、お客さまと銀行が未来につながるよりよい関係を築いていくことです。お客さまのCSを満たすことは、結果として、私たちの仕事のやりがいや喜びにもつながります。

CSは全員参加

CSは担当者一人でできるものではありません。こちらの窓口の満足度は高いけれど、あちらの窓口の満足度は低いようでは、金融機関の目指すCSは達成できません。

CS会議など、意見交換の場が必要です。入社年次に関係なく、よい事例を共有したり、よい提案をすばやく反映させたりする場を積極的につくっていきましょう。

「自分の意見が採用される」「失敗しても、みんながカバーしてくれる」と感じられるからこそ、一人ひとりの行職員が力を発揮できるのです。こうした職場の風土は、お客さまにも伝わります。各自がCSに対して高い意識をもつことが大切です。

2　セールスとは何だろう

セールスの意味

「セールス」という言葉を辞書で引くと、「売る」とか「営業」と書いてあります。セールスは、「お客さまに幸せになってもらう働きかけ」です。

人生では、「ここでお金が入る」「ここでお金がかかる」等のライフイベント（人生の出来事）があります。そのライフイベントの実現のために、お客さまにお得、便利で役に立つ金融商品やサービスを知ってもらい、提案して、お客さまに幸せになっていただくことです。

あなたは「セールス」についてどのようなイメージをもっているでしょうか。先輩たちはセールスについて、「大変だ」といっていますか？　目標数値を達成するためには、毎日、お客さまにお願いしないといけないのでしょうか？

セールスとは決してむずかしいものではありません。ましてやお客さまのニーズを考えずに、一方的に商品をお勧めしたりお願いしたりするものではありません。

お客さまと仲良くなる

だれだって、突然「いま○○キャンペーンをやっているのでお願いします！」といわれたらびっくりしてしまいます。しかし、「セールスは大変だ」といっている人の多くは、実はこのような対応をしてしまっているのです。

セールスにはプロセスがあります。まずはお客さまと仲良くなりましょう。もちろん友達としてではなく、あくまでお客さまとしてです。

「いらっしゃいませ」のあいさつに一言添えて、「お暑いなか、ご来店ありがとうございます」などの、感謝やねぎらいの言葉をかけてみてください。持ち物や洋服を褒めたり、雰囲気を褒めたりするのもよいでしょう。そのお客さまを自分の身近な人と思って、よいところを探すようにしましょう。

お客さまの家族の話や、趣味の話などを笑顔でたくさん聞きましょう。できれば、お客さまに自分の名前を覚えてもらいましょう。ただの「銀行の人」ではなく、「○○銀行の△△さん」になれば、お客さまに身近に感じていただけます。知らない人との会話より、親しい人との会話のほうが記憶に残ります。仲良くなれば、商品の説明もきちんと聞いていただけることでしょう。

お客さまのことを知る

お客さまのことをたくさん知るためには、ぜひ質問をしてみましょう。通帳の取引番号からお客さまの属性（お名前、住所、職業等）を調べることもできますが、取引番号がわからなくても、季節や天気などを話題にすることで、会話もはずみ、お客さまとの心理的な距離も近づきます。質問で年齢や職業、家族構成などから、お客さまの夢や困っていることなどを知れば、そのお客さまにぴったりの商品を提案するきっかけをつかむこともできます。

（クッション言葉）

お客さまに質問するときには、質問の前にクッション言葉を使います。「さしつかえなければ」「もしよろしければ」「恐れ入りますが」などを添えることで言葉の強さをやわらげます。

（クローズとオープンな質問）

・クローズな質問…「はい」「いいえ」のどちらかで答えられる質問です。二つの選択肢しかないため、深く考えなくても答えられます。会話の導入には適した質問です。「はい」で答えられる質問を会話の始めに2、3入れると、テンポよく会話が進められます。「○○についてお聞きになったことはありますか」「ご経験はありますか」「いま、お時間よろしいですか」「これで間違いないですか」など。

・オープンな質問…答えが「はい」「いいえ」以外の質問です。「○○についてお聞かせください」「どのようなことにお使いですか」などです。お客さまの考えやニーズを聞き出すときに有効です。5W2Hを意識して質問することで、お客さまご自身が答えを探し、気づかなかったことに気づき、新しい発見をすることができます。しかし、会話の始めからオープンな質問をすると相手は答えにくくなりますので注意してください。

ニーズを引き出す

ニーズを引き出す（ニーズ喚起）とは、そのお客さまがまだ実感していないけれど、将来必要になることをお客さまに気づいてもらうことです。

たとえば、二人のお子さまがいらっしゃることがわかれば、金融資産保有の目的（図表2）について、「お子さまがお二人いるご家庭では、受験費用と入学金が一度に必要になるから大変みたいですよ」などと、会話から得た情報をもとに学費の準備の必要性に気づいていただくこともできます。

このようなニーズは、お子さまが小さいうちはなかなか気づかないものです。しかし、小学校高学年になって出費が視野に入ってきたときには、すでに塾代などの支出がふえており、なかなか用意できないものです。

質問を通して、お客さまの潜在意識のなかにあるお金の不安を顕在化し、いくらかかるのか、どのように用意したらいいのかを一緒に考えましょう。

　ニーズを顕在化できたら、「いくら必要になりますが、いまからなら毎月これだけ貯めれば十分間に合いますね」「お給料日に積立分を引いてしまえば、あとは好きに使えますね」というように、そのお客さまに合った解決案をご案内しましょう。

　ニーズを引き出すことで、目の前のお客さまは「その商品を必要になる人」になるはずです。最適な商品を案内すると、お客さまは「教えてくれるまで気がつかなかった、ありがとう」と喜んでくださいます。正しくプロセスを踏んだセールスはCSそのものといえるのです。

図表2　金融資産保有の目的（2022年）

（単位：％）

		病気や不時の災害への備え	こどもの教育資金	こどもの結婚資金	住宅の取得または増改築などの資金	老後の生活資金	耐久消費財の購入資金	旅行、レジャーの資金	納税資金	遺産として子孫に残す	とくに目的はないが、金融資産を保有していれば安心
全国		50.3	22.2	4.2	9.3	68.2	12.2	19.4	2.9	6.4	16.1
世帯主の年令別	20歳代	33.6	33.6	10.9	21.8	46.4	7.3	25.5	1.8	0.0	21.8
	30歳代	42.4	50.7	8.3	14.8	52.9	9.5	15.2	2.4	4.3	17.6
	40歳代	41.8	47.4	4.2	10.2	61.0	10.9	16.2	2.1	3.5	16.1
	50歳代	47.5	20.5	4.1	8.5	71.3	10.7	18.7	3.1	3.9	13.7
	60歳代	55.7	2.7	4.2	6.9	79.0	14.8	19.4	3.2	9.3	14.6
	70歳以上	61.6	2.0	1.1	6.6	73.2	14.4	24.4	3.4	10.6	18.2

（注）３つまでの複数回答。
出所：金融広報中央委員会「家計の金融行動に関する世論調査」〔二人以上世帯調査〕（2022年）

断られても気にしない

　セールスをして断られたとしても、そのときにニーズがなかっただけにすぎません。「ご案内したパンフットを入れておきますので、ご覧になってみてください」「今日はお話しできてよかったです。お時間いただきありがとうございました」などと、次回のセールスのために、気持ちよく帰っていただくことが大切です。

　もし、お客さまに「この人ともう話したくない」と思われてしまったら、次のセールスチャンスはありません。明るく、笑顔で送り出しましょう。心理学によると「最後に聞いた言葉は記憶に残りやすい」といいます。その日の会話をよい印象でしめくくりましょう。

　あなたの提案は、時期が適切ではなかったのかもしれません。しかし、必要性を認識してくだされば、お客さまのなかでそのニーズはだんだん育っていくはずです。後日フォローすれば、成約の可能性は高くなります。

　セールスで断られたとしても、お客さまは「商品」を断ったのであって、あなた個人を否定したわけではありません。あなたが落ち込む必要はまったくありません。

金融のプロフェッショナルとして

　セールスのポイントを振り返ってみましょう。

・商品のことだけを一生懸命に話そうとしない
・まずはお客さまを知る、話を聞く、質問する
・一回で成約には至らない。ニーズ喚起の種をまいて、継続してセールスする

　このほかにあと一点、知っておいてほしいことがあります。次ページの図表3をみてください。

　この図によると、金融商品の知識や判断力に自信があるお客さまはわずか1割強です。あとの9割弱のお客さまは、自分の知識に不安を感じています。

　言い換えると、金融機関に来店されたお客さまの多くは、知識に不安をおもちです。金融機関に足を運ばれたお客さまには、必ずニーズがあります。あなたがセールスを苦手に思って、お客さまにご提案やご案内をせずお見送りしてしまったら、お客さまは自分に最適な商

品を知る機会を失うかもしれません。もしかしたら、損をしてしまったり、数年後に資金が足りなくなって困ってしまったりするかもしれません。

ご来店されたお客さまには、「何かお役に立てることはないですか」と、ぜひ声をかけてください。あなたが、金融・経済や他行の商品などの勉強をして、詳しくご案内できるようになったら、きっとお客さまの満足は高まります。

金融のプロとして、お客さまの悩みを解決することがセールスなのです。セールスはCSと同じです。「どうしたらお客さまに喜んでもらえるか」「お客さまが不便・不安なことはないか」など、お客さまの目線に立って、お客さまの様子をよく観察し、お話をうかがい、その思いをくみ取ります。そしてお客さまの悩みを解決するために、最適な商品・サービスを提供する、それがセールスです。

図表3　金融知識に関する自己評価

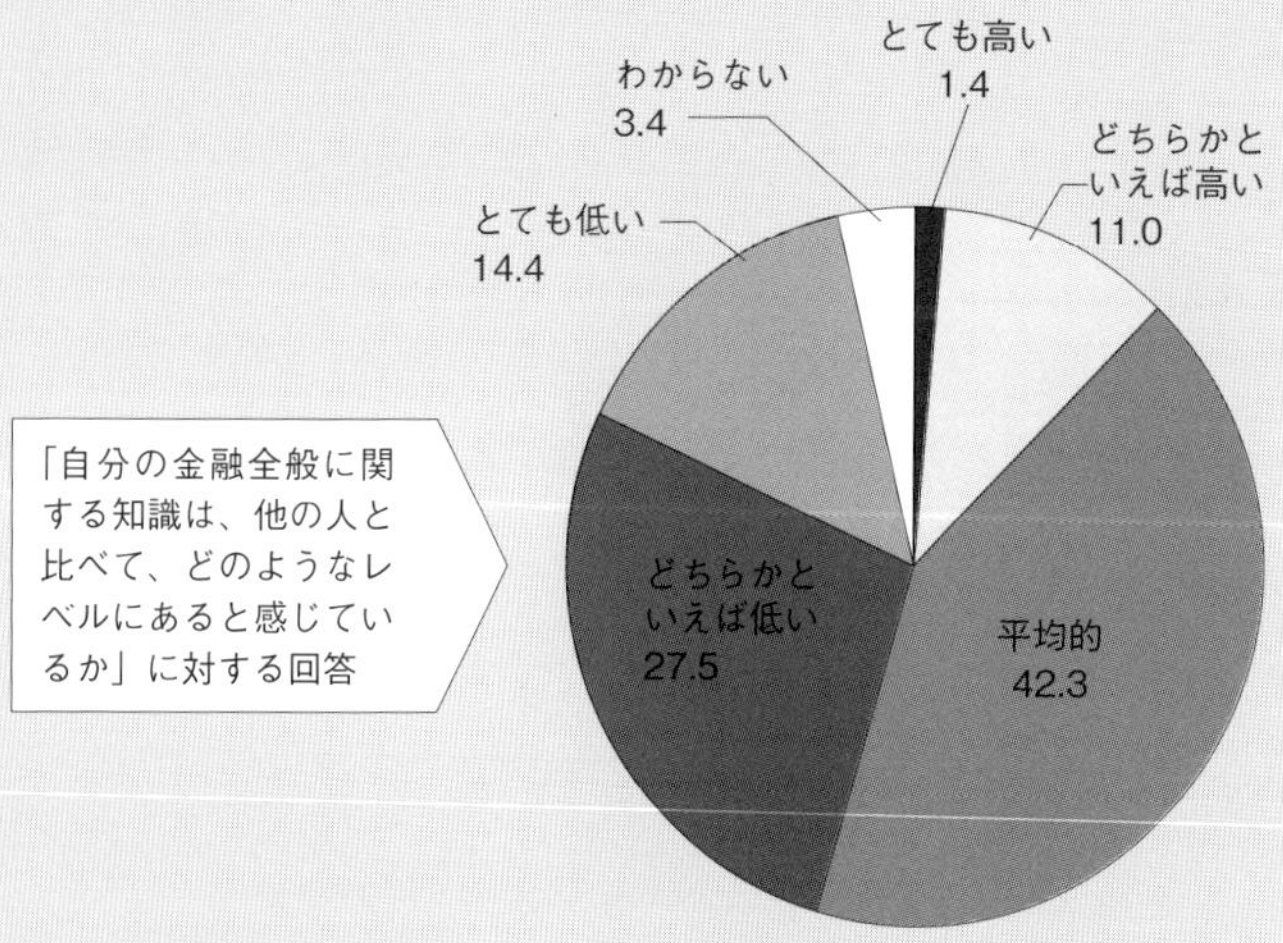

出所：金融広報中央委員会『金融リテラシー調査』2022年

3 顧客本位の業務運営（フィデューシャリー・デューティー）

2017年3月、金融庁から「顧客本位の業務運営に関する原則」が定められました。この原則は、金融機関等がお客さまの立場に立って運用提案や商品の販売を行うためのものです。

これまで、わが国では「貯蓄から投資へ」の流れを促すために、NISA制度などが取り入れられてきましたが、金融資産の内訳をみると、預貯金が過半数で、他の先進国と比べ、株式や投資信託の割合が低い状況が続いています。その原因の一つとして、金融機関等に顧客本位の商品販売体制ができていないことがあげられます。こうした要因が背景にあって、「顧客本位の業務運営に関する原則」が定められました。

この制度は七つの原則で構成されており、基本的な考え方は、「真に顧客本位の業務運営を徹底し、顧客に必要な情報を提供するとともに顧客のニーズや利益にかなう商品・サービスを提供することが必要」というものです（図表4）。

図表4　顧客本位の業務運営に関する原則

原則1．顧客本位の業務運営に関する方針の策定・公表等

原則2．顧客の最善の利益の追求

原則3．利益相反の適切な管理

原則4．手数料等の明確化

原則5．重要な情報の分かりやすい提供

原則6．顧客にふさわしいサービスの提供

原則7．従業員に対する適切な動機づけの枠組み等

金融機関が行う具体的な活動は、

・顧客本位の業務運営を実現するための明確な方針を策定・公表したうえで、
・当該方針に係る取組状況を定期的に公表するとともに、
・当該方針を定期的に見直す等

が求められています。

銀行では、取組方針とあわせて顧客本位の業務運営を客観的に評価できるようにするための成果指標（KPI）を公表して

います。なお、２０２１年１月より本制度のさらなる浸透・定着に向けた取組みとなるように改訂されました。

4　取引の相手方

取引の相手方について

銀行と取引ができる相手方は、「個人」（法律的には自然人という）と、「法人」（法律によって人格を与えられた）に分けることができます。法人についは公法人と私法人（株式会社、持ち株会社等の営利法人、一般社団、財団法人、公益法人等の非営利法人）とに分けられます。個人、法人ともに、取引の相手方は権利能力が必要とされますが、取引にあたっては行為能力および意思能力も必要です。

個人について

個人は出生により権利能力を取得し、死亡によって権利能力が消滅します。意思能力がある個人は預貯金取引の場合、特に取引の相手としての制限はありません。しかし、なかには単独で預貯金の取引を行うことができない人もいます。民法ではそのような人を「制限行為能力者」として、それらの人の行う行為については特例の規定を設けています。民法上、「制限行為能力者」とされているのは、未成年者、成年被後見人、被保佐人、被補助人です。未成年者は、満18歳未満の者です。成年被後見人・被保佐人・被補助人は精神上の障害により事理（物事の道理・わけ）を弁識する能力を欠く常況にある者であって、家庭裁判所による後見開始の審判を受けた者です。また、日本国籍を有しない自然人を外国人といい、原則的に権利能力を有します。

法人について

法人とは、株式会社など個人以外で、法律によってその目的の範囲内で権利能力を認められた存在です。法人は設立の目的により次のように分類できます。

①公法人と私法人

公法人は、国や法人格をもつ公共団体、私法人は公法人以外の法人を指します。

②私法人の種類

財団法人は一定の目的のために供せられた財産を中心とし運営する組織で法人格を認められた団体です。社団法人は一定目的のために結合した人の集団を基礎としてつくられる組織で法人格を認められた団体です。

③社団法人の種類

一般社団法人は、事業活動で得た利益を構成員に分配することを目的としない法人です。

公益社団法人は、一般社団法人のうち祭祀・宗教・慈善・学術・技芸等の公益を目的とするものとして、行政庁の認定を受けたものです。営利法人は株式会社・合名会社・合資会社・合同会社等で構成員の利益を目的として事業活動を行い、その事業活動で得た利益を構成員に分配する法人です。

④法人格のない団体

ⅰ．権利能力なき社団があります。法人登記されていないマンション管理組合・従業員組合・同窓会・ＰＴＡ等で、社団として内部組織を備え、実態的な運営は規約その他によって確立しているが、法律上の法人格をもたない団体です。

ⅱ．民法上の組合で「○○商店会」等があります。これは2名以上の者が出資して共同の事業を営むために行う契約や組合契約に基づき成立する団体ですが、法人ではありません。

ⅲ．任意団体で前記ⅰにあたらない親睦会、旅行会、ゴルフ会等があります。この団体は法人でもなく「権利能力なき社団・財団」とも認められない団体です。

高齢者について

個人取引で注意を要するのが高齢者です。厚生労働省によると２０２５年には65歳以上の高齢者が３６５７万人、そのうち７００万人が認知症と推計されています。実に高齢者の5人に1人が認知症です。お客さまにおける高齢者の占める割合が上がるにつれて、銀行は、その対応が問われています。

多くの銀行では、勧誘可能な投資運用商品について、高齢者を75歳以上と定義して、その勧誘を制限しています。また取引においては役職者との面談によって、取引の適正性やリスクに対する許容、商品への理解度の確認を行っています。80歳以上であれば、即日の受注を禁止し、早くても翌日以降の受注とする対応がとられています。

取引時の意思能力が明確でも、時間が経過した解約時には認知症が進んでいる場合等も考えられるため、取引においては書面や録音など、記録を残すことが重要です。

認知症が認められるお客さまに関しては、個人の「制限行為能力者」への対応に準じ、成年後見制度も利用できます。また、高齢者本人が判断能力低下を見越して後見人を公正証書により登記する任意後見人制度もあります。

銀行は「高齢者」という一律な対応をするのではなく、そのお客さまの判断能力、資産状況やその投資意向など個々に合わせたきめ細やかな対応をすることが求められています。

コラム 銀行トリビア

1. 銀行の起源

銀行の歴史は大変古く、紀元前6世紀のバビロニア帝国（西アジアのチグリス川・ユーフラテス川の下流地域）で銀行のような仕事があったと伝えられています。

貨幣はなく、物の貸し借りでした。神殿に奉げた供物（羊や穀物）を神官が商人や農民に貸して、返すときは少し多めにもってくるようにしたといいます。

ギリシャ時代にも神官が銀行業を営んでいたようです。この頃には貨幣もできておりお金を預かったり、交易のために両替をする専門業者も出始めていました。

2. 銀行（バンク）の語源

銀行のことを英語で「Bank」といいますが、語源はイタリア語のバンコ（Banco=机や取引台）といわれています。専門の業者が出始めると、彼らはマーケットに机を出して、そこでお金の両替や、貿易の決済・貸付を行いました。正確に計算がここでなされ、約束はしっかりと守られ、もし不正があればこの机を叩き割ったといいます。「BANK」は信用を土台としているわけで、現在の銀行のカウンターも、ここから内側は信用の聖域で、絶対に間違いは起こしませんという意味があります。

日本でも江戸時代には両替商があり、また、大商人は融資業務や決済代行業務等も請け負いました。両替商として大きな成長を遂げた三井や住友などは、現在のメガバンクの源流となっています。

日本の近代的な銀行は、1873年に設立された「第一国立銀行」です。いまでも銀行名に数字のつく銀行がありますが、この時代に設立された銀行は設立された順に、その番号を名前としたためです。

3.「テラー」の語源

預金窓口でお客さまの対応をする係は、窓口係といわれていましたが、30年ほど前から「テラー」という言葉が使われ始めました。テラーとは、英語のTell（話す）に-er（～する人）がついたものです。「話す」のほかに「数える」という意味があります。テラーは、お札を正確に数える役目と、お客さまに親切に話しかける二つの役目をもっています。

また、テラーは「銀行の顔」ともいわれ、テラーの対応の良し悪しがその銀行の評価につながります。そのために、幅広い商品知識や接客能力、事務処理能力が求められます。

関連する資格として、「金融窓口サービス技能士」「ファイナンシャル・プランニング技能士」等があります。

テラーは現金・通帳・印鑑等の受渡しには、必ずカルトン（お皿のようなもの）を使用し、お客さまのものは丁寧に取り扱います。

4. 印鑑照合の話

テラーの業務のなかでも、「印鑑照合」は特に注意が必要です。「印鑑照合」とは、あらかじめ届出のある印鑑とお客さまが提出する書類（たとえば普通預金の払戻請求書）に押印された印影を照合することです。銀行は真の預金者を確認するために、印鑑照合を正確に行う「善管注意義務」（23ページ参照）があります。印鑑照合機を導入している銀行もありますが、最終的にはテラーの目での確認が必要となります。印鑑照合の方法は、「平面照合」や「折り重ね照合」等があります。

平面照合…平面に並べて、大きさや字体等を比較照合します。

折り重ね照合…届出印鑑の上に払戻請求書の印影部分を二つに折り曲げて密着させ、一致を確認します。

総論

プレ・ゼミ
金融機関の仕事

P12 銀行の役割って何？

P14 金融市場と金利の仕組み

P16 知って得する銀行サービス

P18 コラム 銀行のことア・ラ・カルト

銀行の役割って何？

経済活動を支えている銀行

お金は、私たちの社会生活における血液にたとえられます。ちょうど人の体のなかを血液が循環するように、経済社会に流れて活力を与えています。こうしたお金の流れのことをマネー・フロー（資金循環）といいます。しかし、個人も、企業も、国や自治体も、いつも必要なだけのお金をもっているとは限りません。そこで、お金の不足している者がお金の余っている者に、利息を支払うことを条件にお金を融通してもらうことになります。銀行がこのお金の橋渡しをすることを資金の融通、略して「金融」といいます。銀行は経済社会のなかで、個人・企業・国・自治体などにお金という血液を送り込む心臓のような存在で円滑な経済活動を支えています。

3本の柱

銀行の業務は、「銀行法」によりA．預金または定期積金の受入れと資金の貸付または手形の割引とをあわせて行うこと、B．為替取引を行うこと、と定義されています。一般的にはこれらの業務を「預金」「融資」（貸出）「為替」といい、これらは銀行の固有業務です。

たとえば、給料の振込みは、企業から銀行が依頼を受けて、受取人であるみなさんの口座に給料を送金するという、「為替」業務の代表的なものです。

公共料金の支払は、個人や企業からお金を預かる「預金」から、自動引落しにより決済ができるのです。

住宅ローンはもちろん「融資」です。

これらの三つの業務は私たちの生活と密接に関連しています。銀行は個人や企業からお金を預かり（預金）、お金を必要としている個人や企業に貸し出すという役割を「資金の仲介機能」（⇩単語集）といいます。銀行に預けられたお金を貸し出すことにより、結果的にもともとの預金の数倍の預金をつくりだすことができます。この銀行特有の機能を「信用創造機能」（⇩単語集）といいます。為替は、銀行が第三者間の貸借を決済する「支払決済機能」といえます。

さらには、災害時においても金融機関は、ＢＣＰ（⇩単語集）のもと、被災地等における住民の生活や経済活動の維持、さらに決済面での混乱拡大の抑制の観点から事業を継続していく使命があります。

銀行の主要３業務

預金…資金仲介機能

融資…信用創造機能

為替…支払決済機能

金融サービス業

銀行の業務は、固有業務のほかに、貸金庫や保護預り等の付随業務とその他の周辺業務に大別できます。そのほかに、証券仲介業（⇩単語集）といって、株式や社債などの売買の仲介や保険の販売・取扱いもできるよ

うになり、銀行は総合的な金融サービス業へと変貌を遂げています。

そのため、銀行員には「正確・迅速に業務を執り行う能力」や「金融に関する知識」に加えて「市場経済を読みとる力」も求められるようになっています。

金融機関の種類

「金融機関」は、設立・設置・運営内容により「中央銀行」「民間金融機関」「政府金融機関」の三つに大きく分類されます。

「日本銀行」は日本の「中央銀行」といわれています。日本銀行は銀行の預金を受け入れ、銀行に資金を貸し出す銀行のための銀行であり、政府のための銀行です。「銀行券」の発行・管理や、金融政策を立てるのが仕事ですから、個人が日本銀行に口座をつくることはできません。

みなさんが通常「銀行」と呼んでいるのは「民間金融機関」です。政府系銀行・公庫などが「政府金融機関」にあたります。

なお、郵政公社は、2007年10月1日より民営化・分社化された後、2012年に再編され、日本郵便株式会社がゆうちょ銀行・かんぽ生命から業務委託を受けるかたちで、全国の郵便局で貯金・保険のサービスを提供しています。

普通銀行と信託銀行

「普通銀行」は、銀行法に基づき、預金・融資・為替を中心に業務を行っています。「信託銀行」は銀行業務に加えて、信託業務の兼営が認められている銀行です。しかし、近年は都市銀行などの銀行本体で信託業務を兼営できるようになり、その独自性は薄れています。

普通銀行をさらに分類すると「都市銀行」「地方銀行」「第二地方銀行」「在日外国銀行」等に分類されます。

普通銀行の分類

「都市銀行」は全国に営業基盤を置き、取引の対象も幅広く、大企業との取引の比重が大きいのが特徴です。近年は合併・統合が行われており、メガバンクと呼ばれることもあります。

「地方銀行」は地域を営業基盤とし、地域金融の担い手として個人や中堅・中小企業の取引先のニーズに応える金融サービスを提供している銀行です。

「第二地方銀行」は主に地方を拠点とし、個人・中小企業を対象に融資活動を行っている銀行です。

「在日外国銀行」は外国銀行が日本国内で営業活動を行うために設置した支店や駐在員事務所の総称です。

信用金庫と信用組合

「信用金庫」や「信用組合」も業務内容は一般の銀行と大きく変わりません。ただし、運営方法が銀行とは異なっています。

地域の中小企業や地元住民など、法律の定める一定の資格に該当する人たちが相互扶助を目的に会員となって設立・運営しています。会員外との取引には法律による制限が設けられています。

その他の民間金融機関

農業や漁業の従事者や関係者を組合員として、組合員を対象に業務を展開している農業協同組合や労働金庫も民間金融機関に当てはまります。

その他、金融仲介のみを行い信用創造機能を行わない金融機関として保険を取り扱う保険会社、金融仲介を行わず直接金融（⇨単語集）の媒介のみを行う証券会社があります。

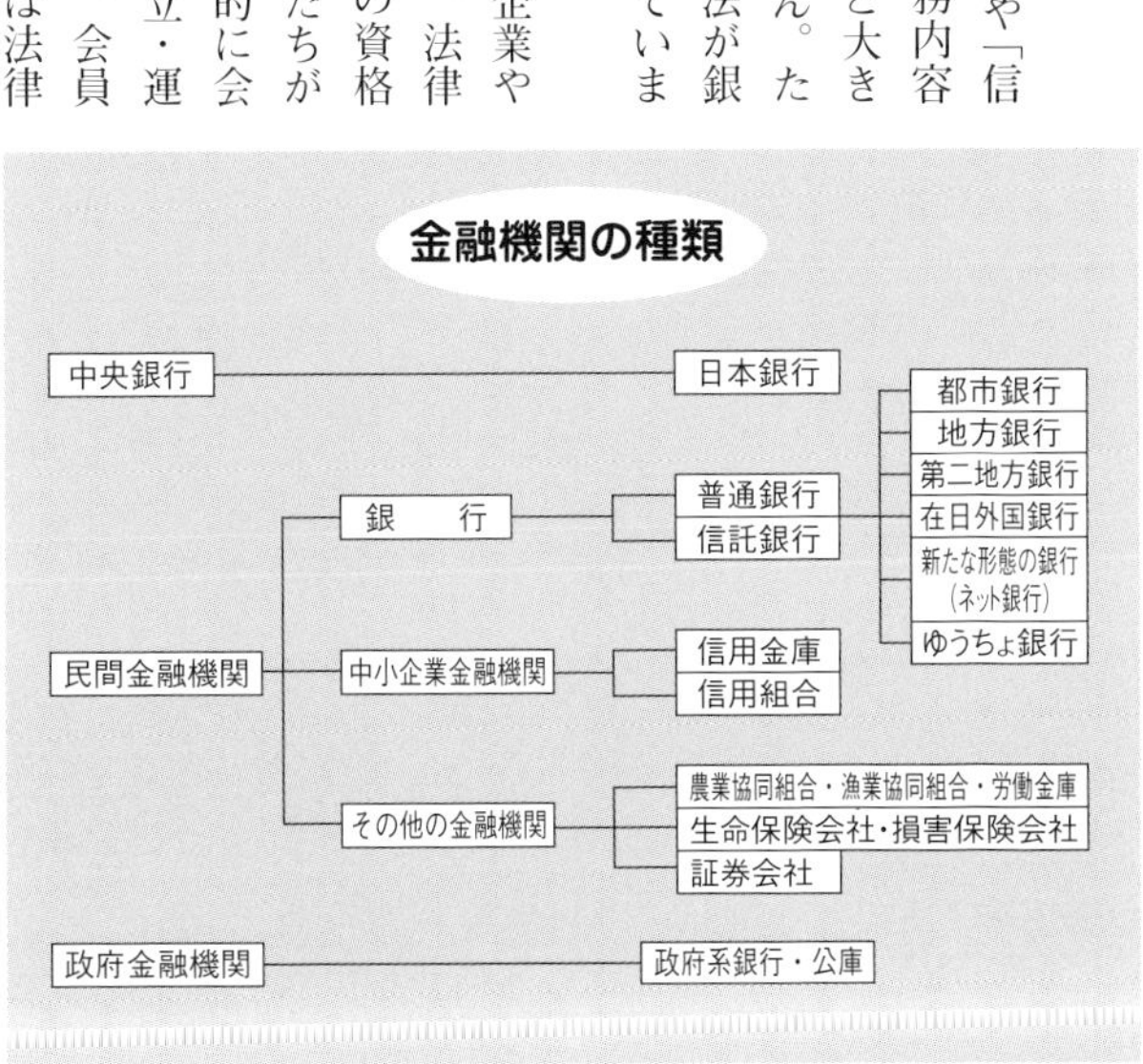

金融市場と金利の仕組み

金融市場とは

金融取引を行う市場を金融市場（⇩単語集）といい、種類もさまざまです。最も身近なものは預金市場やローンを借りる貸出市場でしょう。

これらの預金市場や貸出市場は、まず「短期金融市場（期間が1年以内の取引）」と「長期金融市場（1年超の取引）」に期間で分けられ、そのなかでさらに細かく分類されていきます。

短期金融市場

銀行は預金などの資金の貸出や国債の購入で金融市場にお金を提供しています。日常の営業活動で一時的にお金の過不足が生じた場合、金融機関同士でお金の貸し借りを行います。そのお金の貸し借りを行う場が「短期金融市場」です。

短期金融市場には、金融機関だけが参加できる「インターバンク市場」と企業や機関投資家なども参加する「オープン市場」の2種類があります。各銀行は「インターバンク市場」で日常的な資金の過不足の調整を行っています。「オープン市場」は「インターバンク市場」とは異なり、多くの市場が存在します。

長期金融市場

長期金融市場では「債券」や「株式」といった証券類が扱われます。債券は長期の資金を調達するために発行される証券で、国や政府機関が発行するものを公共債、一般の会社が発行するものを社債といい、両方をあわせて「公社債」といいます。

株式は株式会社が資金調達のために発行する証券です。債券には満期がある一方、株式は買った人が株主となり、満期は存在しません。

債券や株式の市場はさらに新規に発行する「発行市場」と発行されたものが取引される「流通市場」に分かれます。

金融市場の種類

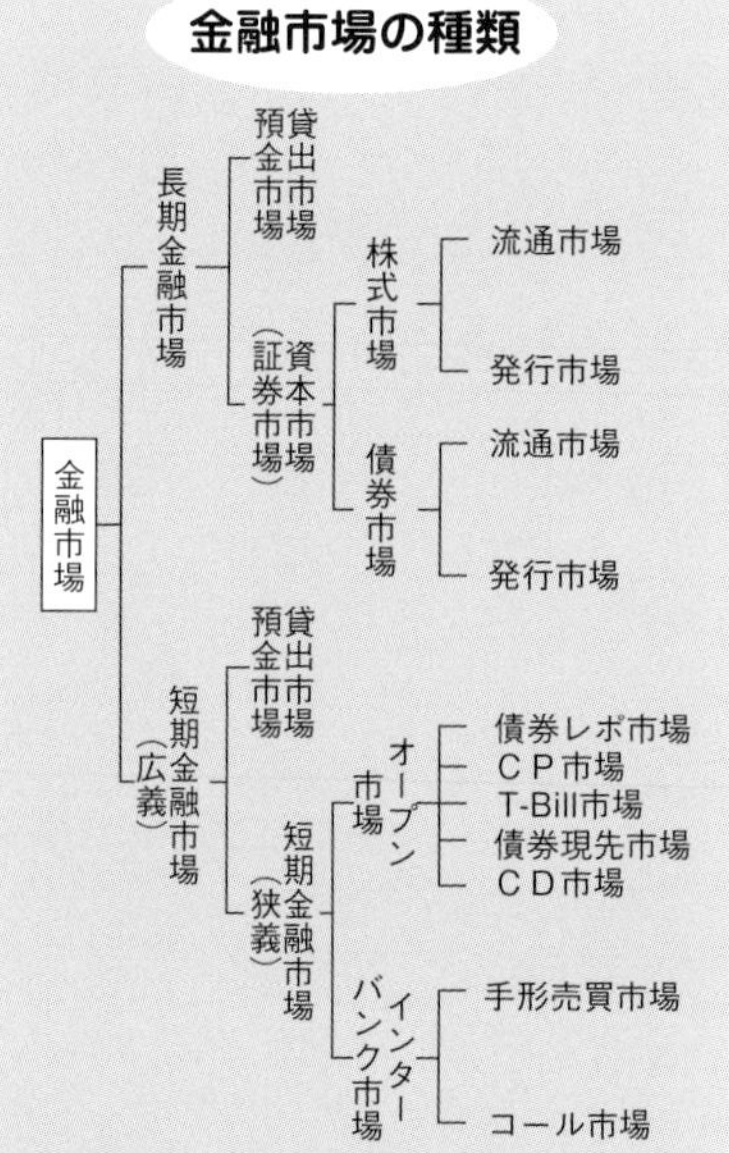

国際金融市場（外国為替市場、オフショア市場など）
金融派生商品市場（先物市場、オプション市場、スワップ市場など）

金融市場と金利

物に価格があるように、お金にも価格があります。その価格が「金利」です。金利とは、お金の貸し借りを行うときの利息（使用料）のことで、通常は％で表示します。

物の価格が需要と供給のバランスで決まるように、金利も貸し手と借り手のバランスで決まります。

一般的に、金融市場は「金利が上がることでお金の価値を上げる」、「金利が下がることでお金の価値を下げる」このように、モノとお金の価値のバランスを取るように動きます。したがって、物価上昇は金利上昇となり、物価下落は金利低下となります。

金利には「市場金利」と「政策金利」があります。「市場金利」は、金融市場において、金融機関同士がお金を貸し借りする際に適用される金利をいいます。「政策金利」は中央銀行が一般の銀行に貸し付ける際の金利のことです。

日本では、２０１６年２月に導入したマイナス金利政策によって、金利がものすごく低い状態が続いています。

金融自由化に伴う環境の変化

金融の自由化

明治維新以降、金融機関の監督は大蔵省が行ってきました。分業主義・金利規制・商品規制・為替管理等のさまざまな許認可権限を大蔵省が握り「護送船団方式」（⇩単語集）と呼ばれた保護行政のもと、金融機関の競争は制限されました。金融の自由化が進展したのは、１９９６年に打ち出された日本版金融ビッグバン構想以降のことで、「自由」「透明」「国際的」な市場を目指し、金融機関の競争が促されるようになりました。

金融ビッグバンにより、銀行、証券会社、保険会社などに対する規制が緩和され、銀行が投資信託や保険、証券などの他業態の金融商品を扱うことが一般的になりました。銀行はこれらの金融商品の販売会社となり、その販売手数料が銀行の新たな収益の柱になっています。銀行は主要３大業務の一つ「融資」で、金利による収益を得られますが、これは景気との関連性が強く、金利が下がると収益も減少してしまう傾向があります。手数料の金額は景気に関わらず一定なので、銀行収入の向上を安定させる効果があります。

利用者にとっては、金利、金融商品、店舗など選択の幅が増えた一方、元本保証のない金融商品がふえ、その運用結果については自己責任が求められるようになりました

金融庁発足

バブル経済を経験後、１９８９年の金融引締めへの転換、１９９０年の不動産関連融資に関する総量規制を受けてバブル経済は崩壊し、回収困難な不良債権の増加というかたちで銀行の経営を圧迫し、１９９７年秋以降には銀行の破綻が連続して発生しました。銀行が倒産してしまえば経済にとっては大打撃です。内外から金融システムの安定化が強く求められ、金融再生のために、銀行へ公的資金の注入が行われ、大蔵省から銀行の監督権限を分離し金融監督庁（現在の金融庁）が設置されました。

自己資本比率

自己資本比率とは総資産のうち、万が一の場合に貸倒れの可能性がある資産に対して、資本金など自己資本がどれくらいあるかを示す指標のことです。自己資本比率は、銀行等の経営の健全性を示す重要な指標の一つです。自己資本を多く保持しているということはそれだけ不良債権処理力が高く、安全性が高い銀行だと判断することができます。

自己資本比率規制は、世界的な金融危機を契機に見直しが重ねられ、現在、新国際統一基準「バーゼルⅢ」（⇩単語集）が海外に営業拠点をもつ金融機関で適用されており、海外に営業拠点をもたない金融機関についても新国内基準が段階適用されています。自己資本比率は、海外に営業拠点をもつ金融機関が８％以上、もたない金融機関が４％以上です。

金融ＤＸ

デジタル技術の急速な発展を受けて、「デジタル技術を活用して経営や業務のあり方を大きく見直し、経営の効率化とより付加価値の高いサービスの提供を目指す動き」が広がっています。

金融ＤＸ（デジタルトランスフォーメーション）は、たとえばロボアドバイザーによる資産運用や企業融資の審査にＡＩ（人口知能）技術の活用により、スピーディーな審査等が可能になりつつあります。

知って得する銀行サービス

取引形態の多様化

近年、フィンテックと呼ばれる金融と情報通信技術を融合した金融サービスが台頭しています。スマートフォンによるモバイル決済、ＡＩ（人口知能）を活用した個人向け資産管理サービス等です。

金融庁では、２０１７事務年度の金融行政方針で、フィンテック時代に対応した制度に見直し、当座預金を扱う店舗でも金融庁の承認を受ければ平日に休業できるようにするなど8つの規制緩和に取り組んでいます。

銀行以外で利用できるATM

ＡＴＭ（⇩単語集）で自分の口座から預金を引き出すことができますが、ネットワークが整備され、現在では手数料を払えばあらゆる金融機関のＡＴＭから預金を引き出せます。さらには、税公金収納などにも対応できる高機能ＡＴＭもあります。

ＡＴＭは銀行の店舗内以外にも駅やスーパーマーケット、コンビニエンスストアなどにも設置されているほか、「移動型ＡＴＭ車両」もあります。24時間利用可能なＡＴＭもあり、より便利に、より手軽に利用できるようになった半面、セキュリティの面では、より高い安全性が求められています。

パソコンや携帯電話等で行う取引

パソコンや携帯電話等を使った取引を「ネットバンキング」といいます。銀行に行く時間のない人には非常に便利なサービスです。タブレットやスマートフォンのアプリ、もしくはパソコンや携帯電話等でインターネットを利用し、銀行のサイトに接続し、残高照会や振込み、定期預金等の預入れや解約等の取引を行うことができます。自宅の電話から専用の番号に電話をかけることで取引の行えるテレホンバンキングもあります。

「ネットバンキング」を使ってできる取引は

・残高照会
・振込み
・振替え
・定期預金の預入れ・解約
・外貨預金の口座開設申込み
・外貨預金の預入れ
・投資信託の購入・解約　など。

右記以外にも

・マネープランの作成
・住宅ローンや繰上返済の相談や手続

などがありますが、銀行によって取引内容は異なります。

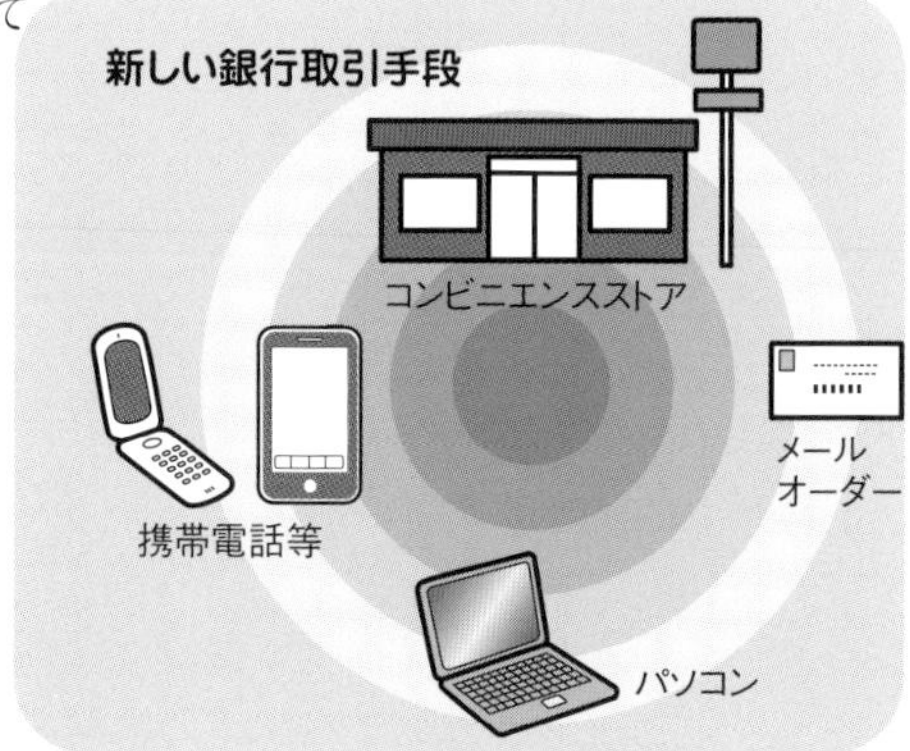

郵送で行う手続

窓口やＡＴＭコーナーに置かれている申込用紙に、所定の必要事項を記入し郵送するだけで

預金口座の開設や各種取引の申込みができるのが「メールオーダー」です。自動積立定期預金、各種ローンサービス、公共料金自動振替、住所変更などの取引が可能となっています。

通帳レス化（無通帳口座）

新規開設時に預金口座の通帳を発行せずに、通帳レス化（無通帳口座）の取扱いを進めている銀行もあります。これに合わせて、スマートフォン用アプリなどを通じた通帳の代替えサービスや、時間や場所を問わず残高や明細を確認できる「通帳アプリ」なども取り入れています。通帳レス化は、環境保全とコスト削減が狙いですが、さらには通帳仕様の違いから困難だった複数銀行によるATMの共同化にもつながっていきます。

知って得する銀行サービス

貸金庫

貸金庫は、火災に強く盗難の心配のない安全な銀行の金庫の一部をお客さまに貸し出すサービスです。自宅に置いておくと心配な証券類や重要書類等の保管に利用されています。

外貨両替

外国旅行などで必要な現地通貨への両替サービスを行っています。銀行によっては自宅や職場などに外貨を宅配するサービスを実施しているところもあります。

デビットカード機能

銀行のキャッシュカードでショッピングや食事の即時支払ができるサービスで、全国のデビットカード加盟店で利用できます。クレジットカードとは違い、専用端末機に暗証番号を入力するだけで、現金支払と同様に代金が即座に口座から引き落とされます。多数の現金を持ち歩く必要がなく、手数料は不要です。

ポイントサービス

取引に応じてポイントがたまるサービスがあります。定期預金、給与振込、公共料金の自動振替、住宅ローンの借入れなどにポイント数が設定されており、ポイントがたまるとATMの時間外手数料が無料になったり、振込手数料が割引になったり、住宅ローンの金利が優遇されることもあります。「Tポイント」を導入している銀行もあります。

コンサルティングサービス

ファイナンシャル・プランナー（⇩単語集）などが、暮らしにかかわる金融の相談に応じるサービスです。貯蓄・運用相談、ローンの相談など、休日に開催している銀行もあります。

J-Debit「キャッシュアウトサービス」

J-Debit「キャッシュアウトサービス」は、小売店（加盟店）のレジで、デビットカード（銀行のキャッシュカード）を使って現金を引き出すことができるサービスで、2018年4月から取扱いが開始されました。取扱額は、加盟店金融機関と取り決めた上限額（5万円）の範囲内で加盟店が自由に設定します。

スマートフォン決済サービス「Bank Pay（バンクペイ）」

「Bank Pay（バンクペイ）」は、利用者がスマートフォンを用いて店頭のQRコードを読み込むと、代金が銀行口座から即時に引き落とされるサービスです。利用者はアプリをダウンロードし、最大8つの口座を登録できます。名称は違いますが、すでに同様のサービスを提供している銀行もあります。

個人向け資産管理サービス

個人資産管理アプリと連携して銀行や証券会社の口座、クレジットカード、ポイントサービスなどの残高や利用明細等を照会できるサービスです。家計簿アプリもあります。

また、資産運用アプリには、AIによって資産運用を支援・一部自動化してくれるタイプのものがあります。ロボアドバイザーと呼ばれるAIが、投資をする人の資産運用方針（リスク許容度）に合わせて自動で投資する資産を選び、運用のサポートを行ってくれます。

コラム 銀行のこと ア・ラ・カルト

銀行の組織

銀行の組織は大きく「本部」「営業店」「事務センター」に分けることができます。

本　部

銀行が社会的にどのような機能を果たすべきか、どうすれば発展できるか、どのような商品やサービスを開発すればお客さまに満足していただけるか、自行の行員をどのように教育し養成すべきかなどの方針を決め、実行に移すのが本部です。

営業店

実際にお客さまと接し、「預金」「融資」「為替」などの業務を行う場所です。営業店は支店長を筆頭に次長、課長といった役職者、一般行員、派遣社員やパートタイマーなどで組織されています。

営業店の第一線である窓口係を「テラー」といいます。テラーは、英語のTellからきているといわれ、「話す」のほかに「数える」という意味があります。テラーはお札を正確に数えるなど事務を正確に処理するという役割とお客さまに親切に対応するという、二つの役割をもっているのです。

事務センター

振込みなどの為替関係の事務、交換手形の引落し、キャッシュカードの発行など、営業店にかわって大量事務を行う場所が事務センターです。大量の事務を集中して行うことで、営業店の負荷を減らしお客さまへのサービス向上を支えるのになくてはならない存在です。

どうして銀行は3時に閉まるの？

銀行の営業は「銀行法」に則って行われています。銀行法施行規則16条に「銀行（代理店の営業所を含む）の営業時間は、午前９時から午後３時までとする」と規定されています。

なぜ営業時間まで法律で決められているかというと、銀行は決済業務など、経済の中心となる役割を担っており、銀行によって営業時間が異なっていたり、日によって営業時間が変わったりしては経済全体が大混乱をきたすおそれがあるからです。この条文には続きがあり、「2　前項の営業時間は、営業の都合により延長することができる」とされています。最近では、昼休みをとったり、午後３時過ぎや土・休日に一部の業務を行ったりしている金融機関もあります。

3時過ぎの銀行員は何をしているの？

３時にシャッターを下ろしたあとも銀行員は仕事をしています。

まず、その日の取引で発生した伝票の処理。３時直前に持ち込まれた振込みの伝票や外回りの担当者が集金してきたお金の処理を行います。その日の伝票処理が終わると、その日受け付けたすべての伝票内容（お客さまの依頼内容）と実際の処理内容（コンピュータへの入力内容）をチェックし、現金に過不足がないかを確認します。伝票の処理内容と現金を突合して、勘定精査の終了です。

その他、手形・小切手、現金等の輸送の準備や処理、書類の整理、ファイリングなどもあります。

「預金」と「貯金」の違いは？

利用者の立場では、「預金」も「貯金」も大差はないように思えます。銀行、信用金庫、信用組合、労働金庫では「預金」といい、農業協同組合、漁業協同組合、ゆうちょ銀行では「貯金」と呼んでいます。

その違いは読んで字のごとく、「預金」は「お金を預ける」ことであり、「貯金」は「お金を貯める」です。

預金の「お金を預ける」理由は、お金を貯めるためであり、決済などに使うという理由も含みますから、「預金」のほうが広い意味をもっているといえるでしょう。ただし、実際、同じようにお金を預けて貯めることには変わりがなく、金融商品としてみた場合、「預金」と「貯金」は一緒です。

1

銀行実務の基本とコンプライアンス

P20 銀行事務の基本

P22 コンプライアンスって何？

P24 Point Check!

銀行事務の基本

事務の3基本

銀行はお客さまのお金をお預かりするという業務の性格上、信用を維持することが大切です。銀行の信用は、コンプライアンスを遵守し、高いレベルの事務処理によって支えられています。特にお客さまと直接接する営業店の事務手続はその銀行全体の評価にかかわる重要な役割を担っています。事務は「正確・迅速・丁寧」の3基本に従って行うことが大切です。

正確なこと

銀行の業務は公共性が強いこと、ミスをした場合お客さまに迷惑をかけてしまうことから「正確」であることが絶対必要条件です。

銀行の事務は事務取扱規定などの規則に従って行われます。規則に精通し、正確で間違いのない事務を行い、お客さまからの信頼に応えましょう。

迅速なこと

事務処理が遅いと、仕事全体に影響を及ぼし、お客さまにも迷惑をかけることになります。「あの銀行は待ち時間が長い」ということは「仕事が遅い」そして「行員のレベルが低い」など、銀行のイメージダウンにつながり、信用を失いかねません。

丁寧なこと

事務処理を丁寧に行うことは、事務ミスを防ぎ正確な処理にもつながります。特に数字は銀行の業務にとって基本です。銀行には見本となる標準数字がありますので、早く正確な数字の書き方を身につけましょう。

また、金融サービス業としても、お客さまに対して、丁寧に親切に接することはCS（顧客満足）（⇩単語集）向上の原点となります。

「お客さまに満足していただく」ことは「銀行の業績を伸ばす」ことになるからです。

事務処理の5原則

「正確・迅速・丁寧」の3基本を行うために、すべての事務処理の原則となる「事務処理の5原則」があります。正確な事務処理を行うためには、常に念頭に置いておかなくてはならないもので、記録主義の原則、現物主義の原則、確認主義の原則、検証主義の原則、個人責任主義の原則があります。

記録主義の原則

すべての取引は記録して保存します。一つひとつの取引がお客さまの意思どおりに処理されたかを確認するとともに、後日の証拠にもなります。

通常銀行の伝票は10年間、保存します（永久保存の伝票や書類もあります）。

現物主義の原則

現物とは、現金・手形・小切手類などを指し、現物に基づいて確認し、授受・保管や管理を正確に行うことが基本です。特に現金類は、「現金その場限り」（⇩単語集）といわれ、必ずお客さまの目の前で内容を確認します。

事務の3基本

正確・迅速・丁寧

事務処理の5原則

- 記録主義の原則
- 現物主義の原則
- 確認主義の原則
- 検証主義の原則
- 個人責任主義の原則

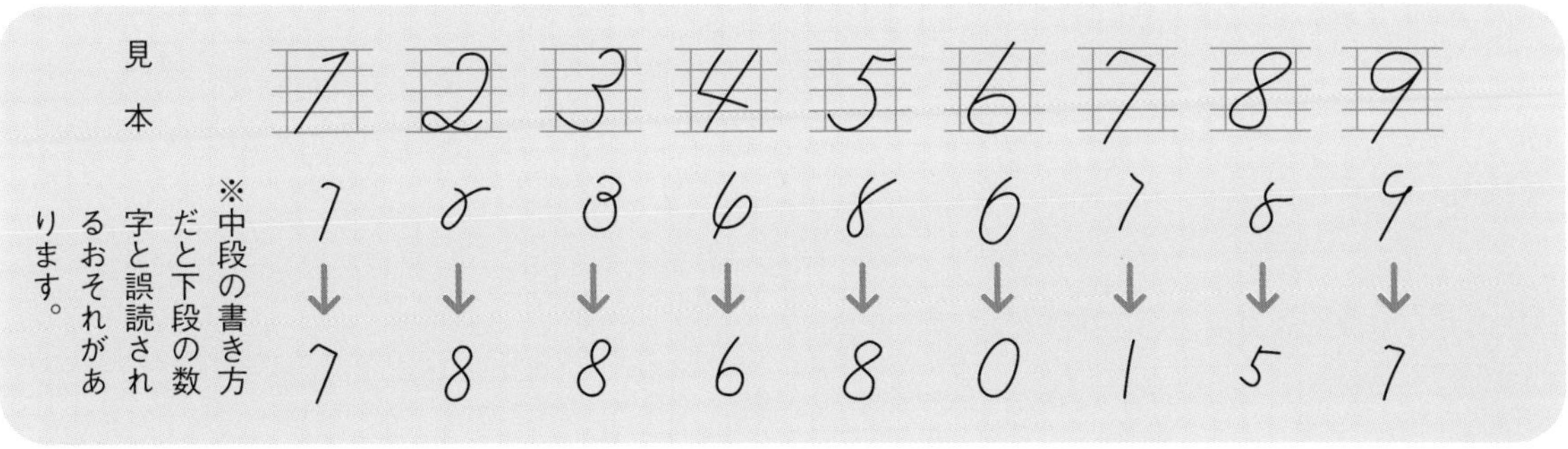

確認主義の原則

処理した事務は、必ず自分で再度確認します。確認を怠ると重大な事故につながりかねません。たとえば、現金は天地を変えて2回、電卓は2算行います。

検証主義の原則

処理をした事務は必ず他の人や電子計算システムで検証・確認し、事務の正確性・正当性をチェックしあいます。目を変え確認することで、事務の正確性を高め、ミスを未然に防ぎます。

個人責任主義の原則

銀行では、仕事上での権限と責任が全員に生じます。全員が権限と責任をもって正確に処理することで組織が機能するのです。すべての取引や事務処理に担当者印や検証印を押して責任の所在を明確にします。

数字・文字の書き方

「正しく、きれいに、読みやすく」は当然で、誤字や判読不明の数字・文字では、お客さまに不愉快な思いをさせるとともに、時には勘定不突合の原因となります。数字・文字はだれにでもわかるように書きましょう。金額を記入する場合の注意点は、

①「¥」表示に続けて金額を書きます。前に数字を書き加えて金額が書き換えられないようにするためです。

②3ケタごとにカンマをつけます。

また、小切手・手形には漢数字で金額が表示される場合があります。

①書けるようにする漢字

壱(いち)、弐(に)、参(さん)、拾(じゅう)、億

②読めるようにする漢字

壹(いち)、貳(に)、參(さん)、伍(ご)、陌(ひゃく)、阡(せん)、萬(まん)、圓(えん)

紙幣の数え方

「現金その場限り」は銀行員の鉄則です。現金の授受は、お客さまの面前で必ず2回以上、違った方法「タテ読み」「ヨコ読み」で数えます。

タテ読みは紙幣の枚数を数えることのほかに

・異種の紙幣の混入防止

・偽造・変造紙幣の発見

・損傷紙幣の選別

を点検します。

ヨコ読みではお札を扇形に開いて速く枚数を数えます。

また、紙幣を数えている人に話しかけると数え違いの原因になりますので、終わるまで待ちましょう。

金額を記入する場合の注意点

○ ¥100,000

× ¥ 100000

①¥に続けて金額を記入

②3ケタごとにカンマをつける

タテ読み

ヨコ読み

コンプライアンスって何？

法令等遵守

コンプライアンス（compliance）は、「法令等遵守」と訳されていますが、銀行におけるコンプライアンスとは、法律や法令だけでなく、社会人としての倫理や社会規範に則り、業界全体のルールや行内で取り決められた事務手続要領やマニュアルを理解し、またそれに従って業務を行うことを指します。

銀行に求められるコンプライアンス

1990年代のバブル経済崩壊の際、日本国内では大企業の不祥事が多発しました。残念なことに金融業界でも同様に、法律で禁止されている行為が頻繁に発生し、金融機関に対する信頼が揺らいでしまいました。

そこで全国銀行協会（連合会（当時））（⇩単語集）が1997年に金融機関の信頼回復を目指し、「倫理憲章」を制定し、各銀行も独自の「倫理要領」や「行動規範」を作成し、コンプライアンスの徹底に努め、信頼回復を図る努力を行うようになりました。

コンプライアンスの重要性

法令やルールを無視することで、損害賠償請求を起こされ、思わぬ損失が発生する可能性があります。また、信用を失い銀行として命取りになるような事態に発展するかもしれません。コンプライアンスは銀行として自分たちの身を守るためにも非常に重要なものです。

また、コンプライアンスは不祥事防止だけのものではありません。投資信託などのリスク商品をお客さまに安心して利用していただくためにもコンプライアンスは重要なのです。

コンプライアンスの実践

コンプライアンスを実践することで、お客さまからの信頼を得ることにもつながります。

現在銀行では、多様な商品を取り扱うようになり、お客さまの利便性が増したというメリットがある半面、金融商品の知識をあまりもたないお客さまには説明が不十分だと、トラブルになるケースもあります。

リスクを伴う金融商品の販売にあたっては、その商品にかかわる業法のほか、銀行法、金融サービス提供法（⇩単語集）、消費者契約法（⇩単語集）、金融商品取引法（⇩単語集）などに基づき、お客さまに対して商品の内容やリスクの重要事項について十分説明しなければならない説明義務があります。

コンプライアンスを徹底して実践するということは、お客さまに対して正しい販売勧誘が行われ、結果としてお客さまの信頼を勝ち取ることにもなるのです。

銀行員として理解しておきたいこと

守秘義務を徹底する

銀行員はお客さまの資産を管理するという立場上、機密の保持は銀行が果たさなくてはならない大きな責務の一つです。日常の仕事そのものがお客さまに関する情報や資料の取扱いです。業務を遂行するなかで、知りえた情報は第三者に絶対にもらしてはいけません。この情報とは、預金や融資の取引内容などの直接的な取引状況はもちろん、プライバシーにかかわることも含まれます。第三者とは、お客さま本人以外すべてを指し、たとえ家族や親しい友人にも口外してはいけません。ただし、税務署の税務調査、警察署の捜査など法令に基づく場合は照会に応じることがあります。

守秘義務は銀行法上規定されてはいませんが、信義則、商慣習上からも求められています。これに違反した場合、銀行がお客さまに対して民法上の責任（損害賠償責任）を問われることがあります。各行それぞれの「就業規則」に規定されていますので、その重要性をよく理解しましょう。

善管注意義務を認識する

「お客さまから業務の委任を受けたものとしての善良なる管理者として、社会通念上一般に期待されている業務上相当の注意をもって慎重に行わなければならない義務」を善管注意義務といいます。

つまり事務をするにあたってその職業または地位にある人に対して、社会的に要求される注意義務です。新入行員だからという理由は通用せず、銀行員として事務処理に精通したプロとしての注意義務が要求されます。

マネー・ローンダリングおよびテロ資金供与の防止

マネー・ローンダリングとは、麻薬犯罪や一定の重大犯罪等、犯罪収益の不正取引から得た資金を、銀行口座に入出金したり、口座から口座へ資金を移動すること等により、資金の出所や真の所有者をわからなくすること（資金洗浄）です。

一方、テロ資金供与とは、爆弾テロやハイジャックなどのテロ行為の実行を目的として、必要な資金をテロリストに提供することをいいます。マネー・ローンダリングおよびテロ資金供与の防止のため、「犯罪収益移転防止法」により防止対策に取り組んでいます。

犯罪者・テロリスト等につながる資金を断つことは、日本および国際社会がともに取り組まなくてはならない課題です。マネー・ローンダリング防止・テロ資金供与対策の重要性はこれまでになく高まっています。

犯罪収益移転防止法・取引時確認

犯罪組織への資金供給を断つために、銀行などが取引時に、顧客が本人と一致しているか、目的等について、確認しなければならないこと等を定めた法律です。銀行のほか、クレジットカード事業者、貴金属業、宅建業、弁護士、税理士、公認会計士なども対象となっています。本人確認記録や取引記録等を7年間保存し、疑わしい取引については監督官庁に届け出ること等が義務づけられています。

犯罪収益移転防止法・取引時確認

銀行では、顧客と以下の取引を行う際には取引時確認を行わなければなりません。

・口座開設（預金口座開設・貸金庫・保護預かりの取引開始時）
・２００万円を超える大口現金取引（２００万円超の現金入出金、持参人払式小切手の入出金、外貨両替など）
・10万円を超える現金振込など

取引時確認

・本人事項（個人の場合には氏名・住所。生年月日。法人の場合には、名称・本店または主たる事務所の所在地）
・取引を行う目的および職業・事業の内容
・法人の場合は実質的支配者
・資産および収入の状況（ハイリスク取引で、２００万円超の財産移転を伴う場合）

取引時の確認方法

個人の場合、運転免許証などの公的書類で本人特定事項を確認します。公的書類には呈示のみで確認できる書類、呈示と他の本人確認書類または補完書類の提示が必要な書類、呈示と転送不要郵便による確認が必要な書類等があります。また、オンラインで完結する本人確認方法もあります。２０２０年４月１日からは、本人特定事項の確認方法が厳格化されています。

純新規口座開設にあたっては、取引時確認に加えて、「ＦＡＴＣＡ（外国口座税務コンプライアンス法）（⇩単語集）という制度も始まっています。

個人情報保護法

個人情報の漏えいや不正利用を防止するために、銀行を含めた個人情報を取り扱うすべての事業者に対して、個人情報の取り扱い方法を定めた法律です。「個人情報の有効活用」と「個人情報の保護」が目的です。

個人情報とは、生きている個人に関する情報で氏名、生年月日、住所、顔写真など特定の個人を識別できるものなどと定められています。個人情報の取扱いについては、取得・管理・廃棄の各段階でルールが定められています。概要は、

①個人情報の、利用目的を特定して通知すること
②安全に管理をすること（組織的・人的・物理的・技術的）
③本人への開示要求には応えること
④苦情対応の体制をとり適切に対応すること等です。

個人情報はすべて一律に取り扱うのではなく、たとえばマイナンバー（⇩単語集）含む特定個人情報は、より厳格な取扱いが定められています。

預金者保護法

キャッシュカードの偽装・盗難により預金が不正に払戻しされる被害にあっても、金融機関が補償するということを定めた法律です。ただし、預金者に管理上の過失があった場合には、補償額が減額されたり、補償が受けられない場合があります。キャッシュカードの暗証番号は、生年月日など他人から推測されやすい番号にしないようにお客さまにご案内することが大切です。

主な個人情報

・氏名、住所、電話番号、生年月日
・e メールアドレス
・預金口座に関するもの
・個人を識別できる（写真、ビデオ画像など）
・個人識別符号（⇨単語集）
・要配慮個人情報（⇨単語集）
・機微情報（⇨単語集）

Point Check!

ポイントチェック

Q1 ～ Q10 のうち
正しいものは、どれでしょうか？

Q1 急いでいるお客さまの事務処理は、事務取扱規定にこだわらず臨機応変に処理することが必要です。

Q2 机の引出しに古い顧客資料が入っていたので、整理のためゴミ箱に処分しました。

Q3 自分で処理した事務は、必ず再度確認する必要があります。

Q4 伝票類は自分で何度も確認したので、ほかの人にチェックをしてもらう必要はありません。

Q5 文字･数字を正確に、きれいに、読みやすく書くことは、事務を支える重要なポイントです。

Q6 コンプライアンスでは、法令や法律をしっかり守り、事務処理をすれば十分です。

Q7 リスクを伴う金融商品を販売するときは、商品の内容やリスクなどを十分説明しなければなりません。

Q8 お客さまから電話で残高の照会があったので、その場ですぐに調べて答えました。

Q9 守秘義務は刑法に規定されているので、違反すると罰せられます。

Q10 新入行員でもお客さまは金融のプロとして接するので、事務に精通し、善管注意義務の認識が必要です。

正解

Q1 × たとえどのような理由があっても、規定に反したり、独断で処理することはいけません。
Q2 × 顧客資料を安易に取り扱うと大きなトラブルに発展します。処分する際は、上司に指示を仰ぐなど細心の注意が必要です。
Q3 ○
Q4 × 電算システムや目を変えて、事務の正確性や正当性を確認しなければなりません。
Q5 ○
Q6 × 法令・法律だけでなく社会人としての倫理や社会規範、業界全体のルールや行内の事務要領・ルールに従って事務処理をします。
Q7 ○
Q8 × 残高照会には、本人確認のために1度電話を切り、あらためてこちらからすでに登録されている電話番号にかけるなど、注意します。
Q9 × 銀行員の守秘義務は刑法上に規定はありませんが、信義則、商慣習から銀行員に求められています。
Q10 ○

2

お金を預かる
（預金業務）

P26 預金のいろいろ

P28 資産運用商品のいろいろ

P32 金融商品の特徴とライフプラン

P34 金利の話

P36 Point Check!

預金のいろいろ

預金のいろいろ

預金は預入期間や目的により「流動性預金（要求払預金）」と「定期性預金」に分けることができます。

流動性預金は、預入期間に定めがなく、預金者の要求があればいつでも払出しに応じる預金のことです。

一方の「定期性預金」は預入期間を定め、預入期間の満了時（満期）までは払出しをしない、決まった期間預ける預金のことをいいます。原則として満期日前の払出しはできませんが、普通預金よりも高い金利が適用されます。

預金者の保護

もし、「銀行が破綻したら預けていたお金は戻らないのでは？」と心配している人もいるでしょうが、万一、金融機関自身が破綻した場合には、その銀行に預けられている預金等を保護する制度があります。金融機関が自らに保険をかけているこの制度を「預金保険制度」といい、「預金保険機構」によって運営されています。この制度は、保険金等の支払をするほかに、破綻金融機関の預金を譲り受ける救済金融機関に対して資金を援助して、預金の保護や信用秩序の維持を図ることを目的としています。この制度の対象金融機関・対象預金と保護の範囲は下表を参考にしてください。

流動性預金のいろいろ

普通預金

銀行の最も基本的な預金で、1円以上いくらでも自由に預入れ・払戻しのできる預金です。現在はキャッシュカードを使い、ATMで出し入れするのが一般的です。

また、この普通預金口座から公共料金やクレジットカード料金等の自動支払や給与・年金等の受取りができ、家計取引のメイン口座（お財布がわり）に欠かせない基本取引です。引出しが自由ですので、利率は低くなります。

決済用預金

預金保険制度による全額保護の対象となる預金です。決済用預金の条件は「無利息（利息がつかない）、要求払い（いつでも払戻しができる）、決済サービスを提供できる（口座振替に利用できる）の3条件を満たすことが必要です。一般の普通預金と同様に、給与・年金の受取り、各種口座振替等が利用できます。決済用預金は無利息型普通預金、決済用普通預金など、名称が銀行によって異なります。

当座預金

手形・小切手を利用して資金決済するための口座です。当座預金口座は普通預金口座と違い、だれでも開設できるものではなく、開設にあたっては銀行による審査が必要です。特徴は利息がつかないことです。

通知預金

預け入れてから7日間以上は据え置き、払い戻すときには2日前までに銀行に払戻予告を行わなくてはならない預金です。払い戻せない期間が設けられ

預金保険制度の対象金融機関

対象	対象外
都市銀行、地方銀行、第二地方銀行、信託銀行、長期信用銀行等 信用金庫、信用中央金庫 信用組合、全国信用協同組合連合会 労働金庫、労働金庫連合会 ゆうちょ銀行（注）	外国銀行の在日支店 日本に本店を置く銀行の海外支店 政府系金融機関

※農林中央金庫、農協、漁協、水産加工協等の系統金融機関は、別途農水産業協同組合貯金保険機構に加入しています。

（注）ゆうちょ銀行に引き継がれない郵便貯金は、政府保証が継続します。

預金保険制度の対象預金等と保護の範囲

	預金等の種類	保護の範囲
預金保険の対象商品	当座預金 決済用預金（付利しない普通預金） 付利しない別段預金	全額保護
預金保険の対象商品	有利息の普通預金、定期預金、貯蓄預金、通知預金、納税準備預金、金融債（保護預り専用商品のみ）等	定額保護 （元本1,000万円とその利息）
対象外の商品	外貨預金、譲渡性預金、金融債（保護預り専用商品以外）	保護対象外 破綻金融機関の財産の状況に応じ支払 （一部カットされることもある）

ているため、普通預金よりも利率が高めに設定されており、一般的には企業が一時的に資金に余裕があるときなどに利用します。

貯蓄預金

普通預金と似ていますが、残高が一定額（基準残高といいます）以上になっていれば普通預金より高い利率が設定されます。基準残高未満の場合は、普通預金の利率となります。また、決済機能がなく、給与や年金の自動受取り、公共料金の自動引落しはできません。一定の残高を基準に、貯蓄預金と普通預金の間で残高を自動的に振り替えるスイングサービスもあります。

納税準備預金

税金を納めるための資金を預ける預金口座です。普通預金よりも利率が高めに設定され、利息も非課税ですが、納税目的以外で払い戻すと払戻日の属する期間中の利率は普通預金利率となり課税されます。

別段預金

預金・融資・為替などの取引で生じた未決済・未整理の資金を一時的に保管しておくための預金で、銀行の内部で使用することがほとんどです。取引先との預金契約に基づくものではありません。

定期性預金のいろいろ

スーパー定期預金と大口定期預金（自由金利型定期預金）

スーパー定期預金の預入期間は1カ月から最長10年までいろいろあります（期間は各行任意）。預入時点で満期までの利率が確定している固定金利商品のなかで最も一般的なのがスーパー定期預金です。300万円未満と300万円以上では、300万円以上のほうが、また、預入期間が長いほうが高い利率がつくことが多いようです（金利情勢によっては差がつかないこともある）。

原則、満期日以前には解約はできません。万一解約する場合は、当初の利率より低い利率（期日前解約利率）となります。

個人の場合、期間3年以上のものでは半年複利型があり、有利な運用ができます。

大口定期預金（自由金利型定期預金）の預入期間はスーパー定期預金と同様ですが、預入金額は1000万円以上で、複利運用はできません。利率は、市場の金利を基準に、お客さまそれぞれと相談をして決定します。

総合口座

1冊の通帳に、普通預金と定期預金等を担保とする当座貸越の機能を組み合わせたのが総合口座です。「貯める」「ふやす」「受け取る」「支払う」「借りる」という機能がセットされています。

担保定期預金の一定限度額（定期預金額の90％で、限度額は200万円が一般的）まで、自動的に借入れができます。担保とされる定期預金は、原則自動継続の定期預金です。また、定期預金のほかに公共債や積立定期預金も担保とすることができます。対象は個人（成人）のみです。

借入れを利用した場合、貸越金額に対して日数分の貸越利息を徴収します。

その利率は貸出の担保となる定期預金利率に0・50％を加えたものです。

期日指定定期預金

通常の定期預金は満期日前に払い戻した場合、中途解約の扱いとなり、定期預金の金利を受けることができません。期日指定定期預金の期間は3年ですが、1年間の据置期間終了後は、1カ月前までに満期日を指定すればいつでも払い戻せる定期預金です。対象は個人のみです。

積立型定期預金

毎月、一定の金額を預け入れ、それぞれを独立したスーパー定期預金等で受け入れます。まとまった金額にすることを目的とした預金であり、少額から積み立てることができ、身近で手軽な定期預金です。

その他の預金

預入期間の6カ月ごとに適用利率を見直す「変動金利定期預金」、一定期間が過ぎればいつでも解約ができる「一定期間据置後解約自由型定期預金」、一定金額ごとに懸賞に参加する権利を付加した「懸賞金付定期預金」等があります。

定期預金の種類

商品名	一部引出しサービス（3年以上・複利型）もついた…固定金利の定期預金		1年が過ぎれば引出しも自由にできる…固定金利の定期預金
	スーパー定期	スーパー定期300	期日指定定期預金
預入金額	1円以上 300万円未満 1円単位	300万円以上 1円単位	1円以上 300万円未満 1円単位
預入期間	●1カ月、2カ月、3カ月、6カ月、1年、2年、3年、4年、5年、6年、7年、8年、9年、10年 ●1カ月超10年未満で満期日を指定する方法もある。		最長3年 （据置期間1年）
金利	預入れのときの利率は満期日まで変わらない。		
利息の計算方法	●3年未満は単利計算。 ●3年以上10年以下には、単利型と半年複利型がある。		●1年複利計算
自動融資	総合口座にセットすれば各金融機関が定める金額（定期預金金額の90％以内最高限度額200万円）まで利用できる。		
満期時の取扱い	●自動継続扱い（元金成長型／利息受取型） ●自動解約扱い ※自由金利型定期預金利息分割受取型は「利息受取型」のみの取扱いである。		

資産運用商品のいろいろ

お客さまのニーズへの対応

　銀行では、日本版金融ビッグバン以降、預金以外のさまざまな金融商品を扱えるようになりました。お客さまにとっては、ペイオフが完全解禁され、決済用預金以外の１０００万円を超える銀行の預金は預金保険の保護が受けられなくなる等の要因から、一行集中取引が崩れて、預入れ先を分散したり、預金以外の金融商品への関心が高まっています。また、少子高齢化などの社会環境の変化に伴い、生活にかかる費用はますます増加していくことが予想されます。ところが、預貯金の金利は低いため、預貯金だけではお金がそれほど増えない状況でもあります。「人生１００年時代」の将来に向けて、自身や家族のために、預貯金以外の資産運用商品で資産形成・運用のニーズが高まっています。

　資産運用商品とは、資産を大きくふやしたいというお客さまにご提案できる商品のことをいいます。大きな特徴は、預金と比較して、比較的高い収益（リターン）が期待できます。しかし、元本保証がなく、元本が目減りしたり、収益が期待どおりにならない不確実な要素（リスク）があります。

　リスクとリターンの関係は表裏一体の関係といえます。「リスクが大きなものほどリターンが大きい（ハイリスク・ハイリターン）」「リスクが小さいものほどリターンが小さい（ローリスク・ローリターン）」という傾向があります。

　つまり、大きな収益を期待するとリスクが大きくなり、逆に大きな損失の可能性も増すということです。リスクとリターンはトレードオフの関係で、大事なことはリスクをコントロールすることです。そのためには、お客さまの財産の状態や、どのくらい資産運用（投資）の経験があるのか、また運用の目的や金額・期間等を十分に聞いて、不適当な勧誘をしてはいけないという「適合性の原則」を遵守しなければいけません。

　その他、預金との違いはコストがかかることです。購入時にかかる販売手数料、運用・管理にかかる信託報酬、解約時にかかる信託財産留保額等です。商品（投資信託）によっては、かからないものもあります。

運用商品のいろいろ

国債

　債券とは、企業や団体が銀行などから資金を借り入れるときに発行される有価証券で、借用証書の一種です。発行する主体によって呼び名が異なり、企業が発行する債券を社債、地方公共団体が発行するものを地方債、国（日本国政府）が発行するものを国債とそれぞれ呼びます。

　国は、国債の保有者に発行時に決めた利率で半年に1回利子を支払い、満期日（償還日）には購入時の額面金額（投資元本）を返済します。

　国債は、市場で売買される金融商品なので、満期日前でも売却し、換金することができます。ただし、途中で売却する場合は、投資元本を割り込むこともあります。

　個人を対象とし、原則として個人のみが保有できる国債が「個人向け国債」です。個人向け国債には「個人向け国債変動10年」「個人向け国債固定5年」「個人向け国債固定3年」の3種類があります。

　「個人向け国債変動10年」は、1万円から購入（通常の国債は5万円）でき、半年ごとに実勢金利を反映して適用利率が変わる変動金利型です。10年満期で、発行から1年経過すれば原則、中途換金ができます。

　「個人向け国債固定5年・3年」は、1万円から購入でき、発行時の適用利率が満期まで変わりません。「固定金利型」で、いずれも発行から1年経過すれば、原則中途換金ができます。

個人向け国債は毎月発行されています。

国債は、国から発行されているため安全性が高く(元本割れのリスクの有無)、定期預金と比べると金利が高い点が特徴です。

外貨預金

米ドル、ユーロなど、外国の通貨で受け入れる預金です。基本的な仕組みは、円の預金と同様で、当座預金、普通預金、通知預金、定期預金、別段預金があります。外貨預金に「円」で預け入れるときは、預入時に適用される為替レートで計算して外貨に替えます。また、利息も外貨でつきます。払い戻すときは、外貨建てになっている元本と利息を円に換算します。このとき、預入時より為替相場が「円安」になっていれば、円に戻した元本が多くなり、その結果、為替差益が得られます。逆に「円高」になると、円に戻した元本が少なくなり、為替差損となり元本割れをする場合もあります。為替相場については、54ページでも説明します。

定期預金は満期日に合わせて為替予約を締結するスワップ付外貨定期預金(先物予約付外貨定期預金)と、為替予約を締結しないオープン型外貨定期預金があります。

外貨預金は外貨で預け入れたり引き出すことも可能です。

投資信託

投資信託は、不特定多数のお客さま(投資家)から集められた資金を運用の専門家が内外の複数の株式や債券などに分散して投資をし、その運用収益を投資金額に応じて投資家に分配する仕組みの金融商品です。

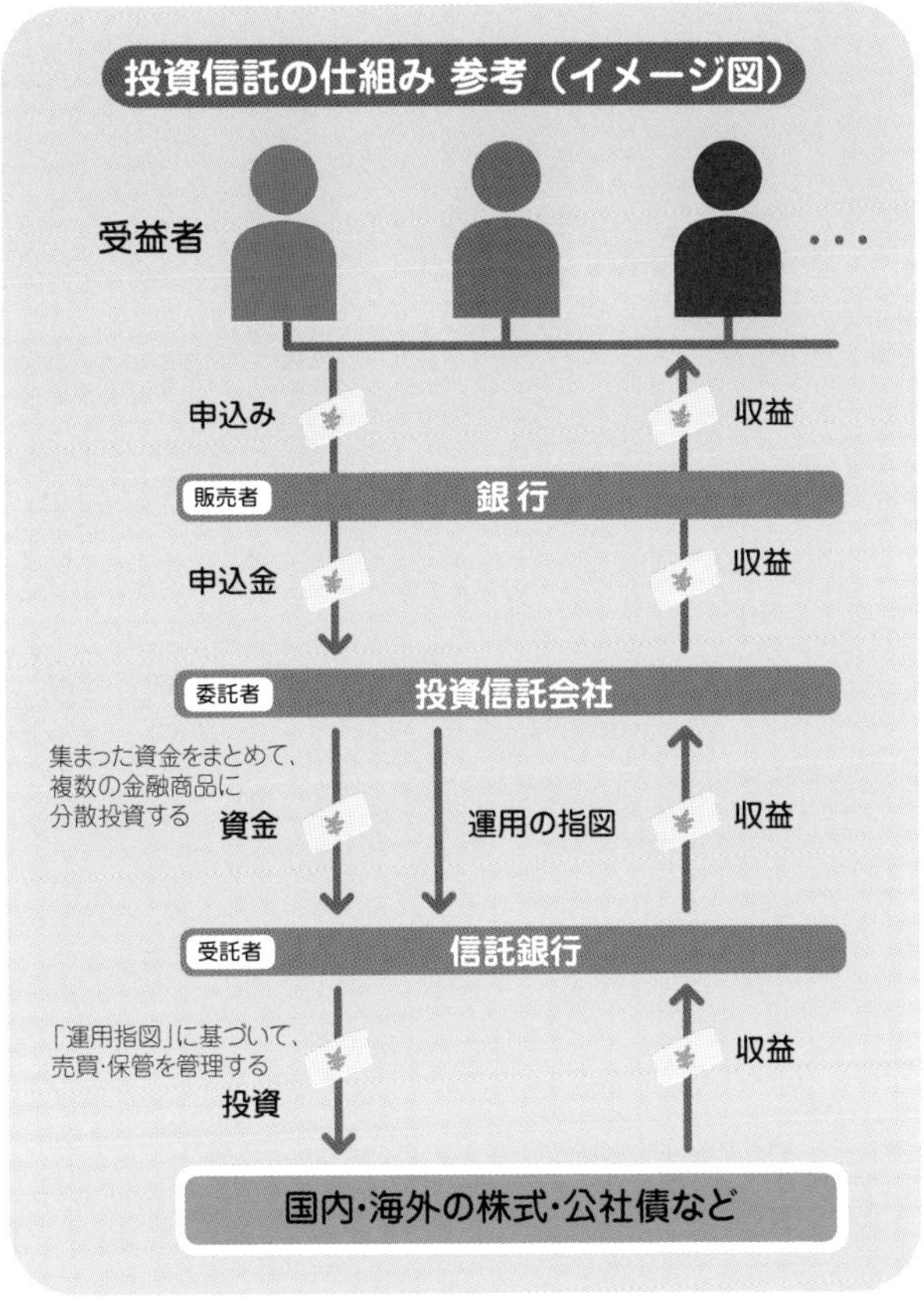

安全性を重視したものから収益性を重視したものまで、さまざまな種類があります。投資信託の運用成績は市場環境などによって変動します。投資信託の運用がうまくいって利益が得られることもあれば、運用がうまくいかず投資した額を下回って、損をすることもあります。運用によって生じた損益は、それぞれの投資額に応じてすべて投資家に帰属します。

投資信託には、「①少額資金」「②分散投資」「③専門家運用」という三つの特徴があります。

①通常、株式投資や債券投資には、ある程度まとまった資金が必要になります。しかし投資信託は、一人の投資家が少額(1万円程度)から購入でき、それらを集めることで大きな投資ができます。

②運用資金は、国内外の株式や債券等、いろいろな市場に分散して投資します。これにより、全体の値動きが平均化され、ある投資対象の運用成績が悪くても、他の投資対象でカバーすることも可能となります。

③「ファンドマネジャー」という資産運用の専門家が運用するので、高収益が期待できます。個人では買いにくい海外の株式や債券、特殊な金融商品への投資も可能です。

その他、原則として毎日、取引価格である基準価額(⇩単語集)が公表されており、値や値動きが分かりやすく、透明性の高い金融商品です。

しかし、いくら専門家が運用するとはいえ、預金のように利息が約束されているものではありません。元本自体が目減りするリスクもあります。リスクとは金融商品の場合「将来の不確実性の幅」を意味します。リスクには、市場リスク、金利変動リスク、信用リスク、為替変動リスク、流動性リスク等があります。

低金利の定期預金と違い、高い収益が期待できるということで、お客さまの関心は高くなっています。銀行にとっても販売手数料や運用期間中の信託報酬等は、「非金利収入」としてメリットがあります。

このようなリスクのある金融商品は、お客さま自身で最終的に判断して自己責任によって購入していただきます。

銀行は顧客本位の商品提案・説明(フィデューシャリー・デューティー)を行い、お客さまが安心して資産形成ができるように努めなければなりません。

個人年金保険

個人年金保険とは、老後の生活資金を貯める目的に死亡保険が付いた年金商品です。長期運用を基本とし、基準価格変動のリスクをおさえ、一定の年齢から年金を受け取る商品です。

iDeCo（個人型確定拠出年金）

自分が拠出した掛金を、自分で選んだ金融機関で定期預金や投資信託等で運用し、資産を形成する私的年金制度です。加入者は、20歳以上65歳未満の国民が加入できます。掛金は、月額5000円から1000円単位で上乗せができます。ただし、加入者の職業等によって上限額や加入可能年齢が定められています。掛金は60歳から75歳の間で公的年金に上乗せして受け取ることができます。

NISA

少額投資非課税制度ー愛称「NISA（ニーサ）」とは、株や投資信託などの運用益や配当金などを5年間非課税にする制度です。2014年1月から導入されました。対象者は20歳以上、非課税投資枠は年間120万円、最大600万円まで利用できます。

NISA口座で購入した運用商品が5年間の非課税期間満了を迎えた場合、その資金をどのような扱いにするかを三つの方法から選びます。ロールオーバー、課税口座へ移管、非課税期間終了前に売却です。

ロールオーバーとは、資金を翌年のNISA口座へ移管して運用を継続できる制度で、さらに5年間非課税で保有できます。非課税投資枠は120万円ですが、ロールオーバーについては120万円超でも可能です。ただし、この場合は、新規投資はできません。一方、ロールオーバーが120万円未満であれば、残りの枠で新規投資が可能です。

また、20歳未満を対象とする年間上限80万円のジュニア

iDeCoのメリット

- 掛金は全額所得控除される。（所得税・住民税軽減）
- 運用中は、利息・運用益は非課税。
- 受取時、一括でも分割でも控除がある。

2023年までのNISA　（以下、金融庁HPより）

2023年まで

	NISA（20歳以上）		ジュニアNISA（20歳未満）
	一般NISA	つみたてNISA	
制度開始	2014年1月から	2018年1月から	2016年4月から
非課税保有期間	5年間	20年間	5年間 ※ただし、2023年末以降に非課税期間が終了するものについては、20歳まで非課税で保有を継続可能。
年間非課税枠	120万円	40万円	80万円
投資可能商品	上場株式・ETF・公募株式投信・REIT等	長期・積立・分散投資に適した一定の投資信託 ※金融庁への届出が必要。	一般NISAと同じ
買付方法	通常の買付け・積立投資	積立投資（累積投資契約に基づく買付け）のみ	一般NISAと同じ
払出し制限	なし	なし	あり（18歳まで） ※災害等やむをえない場合には、非課税での払出可能。
備考	一般とつみたてNISAは年単位で選択制 2023年1月以降は18歳以上が利用可能		2023年末で終了

NISAもあります。投資信託やNISA口座の開設時にはマイナンバーの提示が必要です。

少額から積み立てて非課税枠が利用できる「つみたてNISA」は、2018年よりスタートしました。年間40万円まで20年間利用できます。一般NISAとつみたてNISAは併用することができません。

NISA制度の見直し

新しいNISA

より多くの方々に長期・積立・分散投資を始めるきっかけとしてもらうため、2024年以降、一般NISAの非課税対象および非課税投資枠が見直されました。

2024年以降、NISA制度は、抜本的拡充、恒久化に向け、わかりやすく使い勝手のよい制度に変更されます。以下は2022年12月に公表された「令和5年度税制改正大綱」を基にした記述です。関連法案の可決・成立状況などにより変更が生じる可能性があります。

新しいNISAのポイント

①非課税保有期間の恒久化

2023年までのNISAでは、一般NISA・ジュニアNISAは5年間、つみたてNISAは20年間と有限だった非課税保有期間の期限がなくなります（恒久化）。

②口座開設期間の恒久化

口座開設期間が恒久化され、期間の制限なく投資ができるようになります。

③積立投資枠と、成長投資枠の併用が可能

2023年までのNISAには、一般NISAとつみたてNISA、ジュニアNISAがあり、それぞれの制度を併用することはできません。2024年からのNISAでは、つみたてNISAが「つみたて投資枠」、一般NISAが「成長投資枠」という二つの枠に変更になり、両者を併用できるようになります。

④年間投資枠の拡大

つみたて投資枠：年間120万円（2023年までのつみたてNISAでは年間40万円）、成長投資枠：年間240万円（2023年までの一般NISAでは年間120万円）、合計最大年間360万円（2023年までのNISAでは一般NISAを選択した場合は年間120万円、つみたてNISAを選択した場合は年間40万円）まで。

⑤非課税保有限度額

非課税保有限度額は、全体で1800万円（うち成長投資枠は1200万円。枠の再利用が可能）。

2024年からのNISA（以下、金融庁HPより）

	つみたて投資枠	成長投資枠
年間投資枠	120万円	240万円
非課税保有期間	無期限化	無期限化
非課税保有限度額（総枠）	1800万円 ※簿価残高方式で管理（枠の再利用が可能）	1200万円（内数）
口座開設期間	恒久化	恒久化
投資対象商品	長期の積立・分散投資に適した一定の投資信託〔現行のつみたてNISA対象商品と同様〕	上場株式・投資信託等〔①整理・監理銘柄、②信託期間20年未満、毎月分配型の投資信託およびデリバティブ取引を用いた一定の投資信託等を除外〕
対象年齢	18歳以上	18歳以上
2023年までの現行制度との関係	2023年末までに現行の一般NISAおよびつみたてNISA制度において投資した商品は、新しい制度の外枠で、現行制度における非課税措置を適用 ※現行制度から新しい制度へのロールオーバーは不可	

新しいNISAの注意点

①生涯非課税保有限度額

生涯で利用できる非課税保有限度額は、買付け残高で管理され、NISA口座内の商品を売却した場合には、その分の非課税枠を再利用できます。生涯非課税保有限度額は、国税庁で一括管理されます。

②2023年までのNISAで保有している商品の取扱い

2023年までのNISAで保有している商品について、一般NISAは5年間、つみたてNISAは20年間、そのまま非課税で保有可能です。ただし、非課税保有期間終了後に新しいNISA制度にロールオーバーをすることはできません。

③ジュニアNISA

ジュニアNISAは取扱いがなくなりますが、非課税保有期間（5年）経過後は自動的に継続管理勘定に移管され、18歳になるまで非課税で保有することが可能です。

金融商品の特徴とライフプラン

金融商品の選び方

お客さまのもつお金の性格に合わせて「安全性」「収益性」「流動性」にバランスよく、お金を色分けすることを考えます。

たとえば、住宅や教育等数年後に必ず必要になる資金なので、安全確実に運用したい場合は「安全性」を重視しますし、毎月の生活費として、いつでも自由に使える資金は、「流動性」が求められます。さらには、安全性を保ちつつ、インフレリスクを考慮したい老後のための資金や、いますぐ使う目的のない余裕資金などはお金をふやすために「収益性」がポイントになります。このように、ライフステージのイベントに応じて運用の方法も変わります。

まず、いつ、どれだけの資金が必要で、いつまでにどのくらい準備しなくてはならないかを考えます。

安全性・収益性・流動性の特徴をつかむ

金融商品にはそれぞれ、安全性・収益性・流動性の特徴がありますが、この三つの特徴すべてが優れているという金融商品はありません。収益性の高い商品は往々にして安全性が低かったり、流動性が高い商品は収益性が期待できなかったりします。しかし、安全性と流動性は両立することがあります。

金融商品を選択する際は、それぞれの特徴に照らし合わせて、運用しようとする資金の目的に応じて、適している商品は何かを考えることが必要です。

安全性（貯めるお金）

運用しようとする商品に対して、手持ち資金である元本が保証されているか、利回りが確実かどうかということで判断します。預金保険制度の対象か、経営（健全性）の影響を受けるか、預けた元本が確実に戻ってくるか、予想外の損をする可能性はないかといったことがあげられます。

収益性（ふやすお金）

高い収益が期待できるかが判断基準です。一般に高い収益が得られる場合は、相応のリスクを伴います。

流動性（使うお金）

必要なときに、いつでも自由に払戻しができるかということで判断します。払戻しができない期間がある、事前に予告が必要、払戻しに手数料がかかるという商品は「流動性が低い」ということになります。

お客さまが「安全性・収益性・流動性」のどれに重点を置いているのか、運用の目的や期間等を確認して、お客さまに役立つ情報を提案することが大切です。

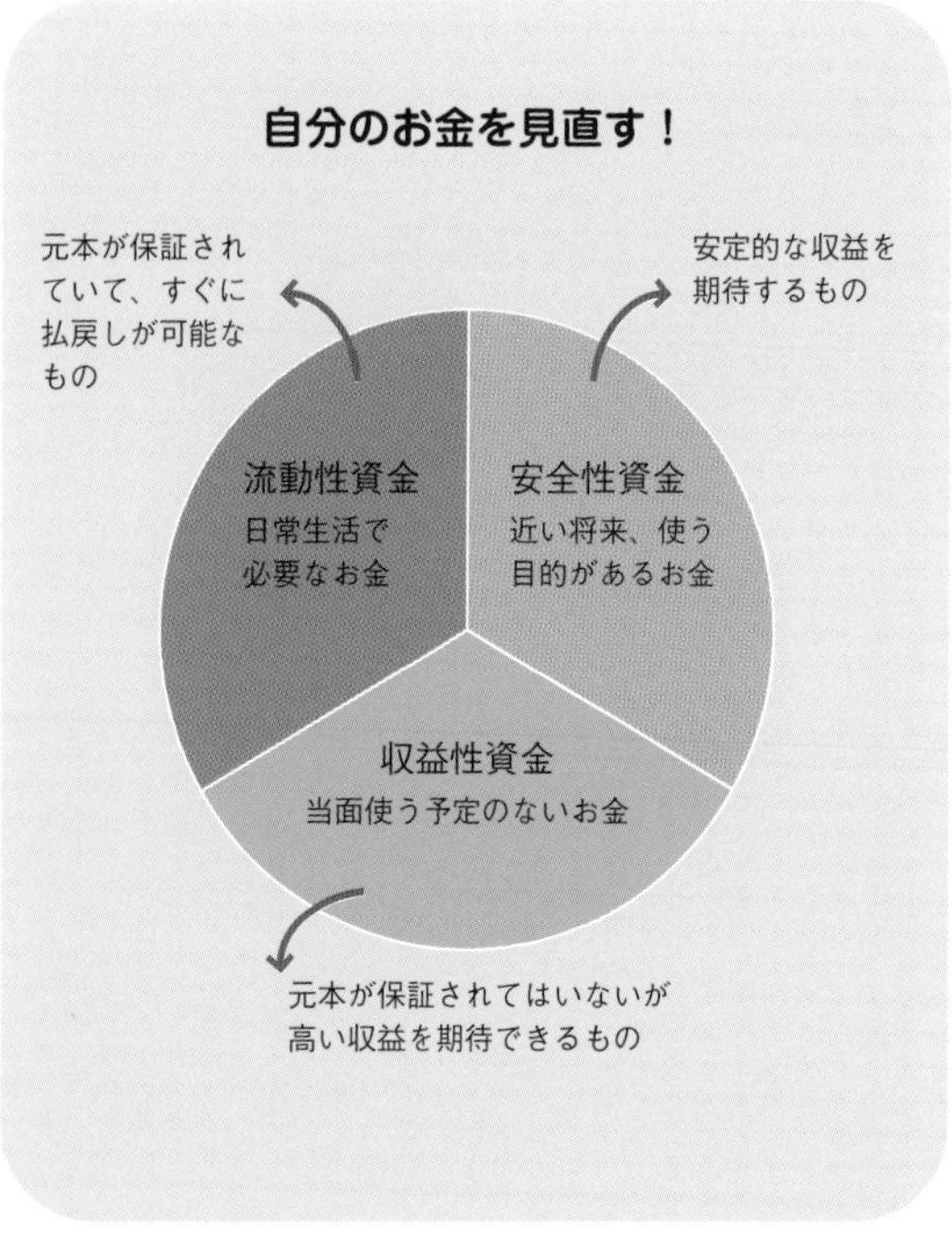

ライフイベントに沿ったセールス

ライフプランは、直訳すれば「人生の計画」。人生のなかで想定される大きなイベント（できごと）を考え、お金が必要になるタイミングやその金額を把握して計画を立てることをいいます。

ライフイベントとしては、誕生、就学、就職、結婚、出産・子育て、退職、セカンドライフ等があげられます。そのほかにも、家の購入、車の購入、旅行などもイベントといえます。すべてに共通しますが、そのイベントを実行するためには、何らかの費用がかかります。すべてのお客さまが必要な資金を計画的に準備されているとは限りません。それぞれのイベントで必要な資金がどのくらいかかるのか、そのためにどのような金融商品をいつから準備をするのか等、お客さまのニーズを把握して提案していくことが求められています。

代表的なライフイベントと必要費用

結婚資金

独身時代の預金の目的で大きなものは結婚資金でしょう。挙式・披露宴にかけた総額は平均で約304万円でした。新型コロナウイルス感染症の影響により、結婚式の実施自体を迷った割合は8割以上でした。また、結婚費用に対しては約71%の人が親・親族から援助を受けており、援助額のうち、挙式・披露宴に使った金額は平均で約162万円でした（「ゼクシィ結婚トレンド調査2022」）。

教育資金

文部科学省の統計「令和3年度 子供の学習費調査」からみると、子供一人当たりの教育費（学校教育、学校給食費、学校外活動費等）は、幼稚園3歳から高等学校第3学年までの15年間において、すべて私立に通った場合は約1838万円、すべて公立に通った場合は約574万円となっています。

住宅資金

マイホームを取得していない世帯に、何年先にマイホームを取得する予定かをたずねると今後10年以内がトップで、次いで今後5年以内となります。

近く住宅取得を予定している世帯での必要資金は平均3092万円で、うち自己資金が1517万円、借入金が1575万円です。一方、「将来にわたりマイホームを取得する考えはない」という世帯もあります（金融広報中央委員会「家計の金融行動に関する世論調査［二人以上世帯］」2022年）。

また、出産や子供の独立など状況に合わせての増減築、バリアフリー住宅への改築等の費用も必要になる場合があります。

老後資金

高齢化社会を迎え、老後の問題は金銭面だけではなく、「生きがいをもち、充実した毎日を過ごす」ことが重要なポイントになってきました。

老後の生活については、「心配である」（「非常に心配」と「多少心配である」との合計）は77%。その理由について「年金や保険が十分でない」が約54.8%です（金融広報中央委員会「家計の金融行動に関する世論調査［二人以上世帯］」2022年度）。

夫婦二人で老後の生活費は現在、毎月約22万円必要といわれます。さらに、ゆとりある老後生活に必要な生活費は1カ月当たり約36万円ともいわれています（生命保険文化センター「2019年度 生活保障に関する調査」）。この資金を「年金」「就業による所得」「利子配当金」「不動産収入」などでまかなうことになります。

ライフステージ

ライフステージ	独身期	家族構成・形成期	家族成長期	家族成熟期	老齢期	
年代	20代	30代	40代	50代	60代	70代～
人生のイベント	卒業・就職 結婚 年金加入 車購入　海外旅行	子供の誕生 住宅取得	子供の教育 住宅リフォーム	初孫誕生	退職 年金受取り	
必要資金	結婚準備資金 耐久消費財購入資金 レジャー資金	出産資金 養育資金 住宅取得資金	教育資金 住宅リフォーム資金	第二子教育資金 子供の結婚資金	老後資金 親の介護資金	

金利の話

金利って何？　金利はどう決まるのか

金利って何でしょう？「金利」と聞いてまず思いつくのは、定期預金の金利などが最も多いようです。お金を定期預金として預け、満期時に元金とともに自分が受け取ることができる利息が金利ですね。そのほかに、お金を借りるときに自分が払わなければならない金利もあります。金利が高くなればなるほど自分が多く払わなくてはいけなくなります。借りる立場になってみれば、借入れの金利は低いほどいいですね。個人でも企業でも「使わないから預ける＝運用」という人と「お金が足りない。家や工場を建てるのでお金を貸してほしい＝消費、設備投資」という両者がいます。お互いにお金の貸し借りをするときに決まる「お金の値段」が「金利」です。このような個人や企業を結びつけて、資金の調達などの調整をしているのが「金融市場」で、銀行など金融機関もその一員です。

たとえば「お金が余っている人」が少なく、「お金を借りたい人」が多ければ、その「お金の値段＝金利」は上がります。逆に「お金を借りたい人」が少なければ同様に下がります。このように金利は「市場に参加している人数」や「金額」、つまり『需要と供給』によって常に変動しています。金利の需給関係に影響を及ぼす要因は「景気」「物価」「為替相場」「政策」「海外情勢」などがあります。金利は何か一つの条件によって動くのではなく、このようなさまざまな要因が複雑にからみあって動いています。

固定金利と変動金利について

金利は常に動いていますが「定期預金の金利は決まっていません」といわれたり、お金を借りるときに「金利は常に動いていますのでわかりません」などといわれたら困ってしまいます。ですから金融商品の金利は契約時に決まります。でも前述のように、さまざまな要因で上がったり下がったりしている金利です。タイミングによっては受取りの利息も大きく変わってきます。そのため、満期までに適用の金利の見直しをするかどうかによって『固定金利』と『変動金利』に分けられます。

固定金利

預金やローンの全期間において決められた金利がずっと適用されます。市場金利が変動しても契約したときの金利は変わりません。メリットは受取・支払利息が決まっているので安定しているため、長期の運用計画が立てやすいこと。預入期間中に金利がどんなに下がっても影響を受けません。デメリットは、預入後に、市場の金利がどんどん上がってもそのメリットを受けることができないことです。

変動金利

その名のとおり、市場金利などの環境に応じた金利の見直しにより適用金利が変動するものです。満期までの間に、定期的にその時点での金利水準に応じて金利の見直しをします。たとえば、100万円を5年間、半年に1回金利見直しの定期預金にしたとします。最初の半年は当初適用金利の1％でも、半年後の金利見直し時に市場の金利水準が2％に上昇していれば2％に、さらに半年後に上がっていれば3％にということもあるかもしれません。でも逆の場合もありえます。金利見直し日に市場金利が下がっていたら、適用金利も下がってしまいます。もちろん満期日にならないと受取利息が確定しないのもデメリットになります。

短期金利と長期金利

金利の種類としては、さらに「短期金利」と「長期金利」があります。預入期間、借入期間により、一般的には期間1年未満を「短期金利」1年以上を「長期金利」と分けています。

お金を預けたとき（運用）の預貯金の金利

現在、当座預金以外は、各金融機関が金利を決定できる自由金利預金となっています。預金には「流動性預金」と「定期性預金」があります。流動性預金はキャッシュカードでいつでもおろせるいわゆる普通預金などです。銀行としてはいつ引き出されるかわからないので、預金金利は低く設定せざるをえません。定期性預金は満期まで運用資金として安定した資金源となるので、流動性預金に比べ利率も高くなります。

お金を借りたとき（調達）の金利について

借入金は、資金の使途、借入期間、借入人の信用によって金利に違いがあります。金利が高いと返済総額は多くなります。毎回の支払額は返済方法によって異なります。

元金均等方式

元金を返済の回数で割り、それに毎回の発生利息を合わせた額を返済していく方法です。元金が減れば、元金残高をもとに計算される利息もおのずから減ってきます。その結果、返済が進むごとに毎回の支払額が減ってきます。デメリットは変動金利の場合、途中で金利が急上昇した場合、支払負担が急増する可能性があります。

元利均等方式

初回から最後まで、毎回の返済額を同一にする返済方法です。メリットは返済額がいつも一定なので、返済計画を立てやすいこと。デメリットは、常に元金＋利息に対しての返済であること。利息は常に元金をもとに計算されますから、毎回利息も含む返済をしていく元利均等方式は元金に対しての返済ペースが遅く、最終的に返済総額がふえます。

＜元金均等返済＞

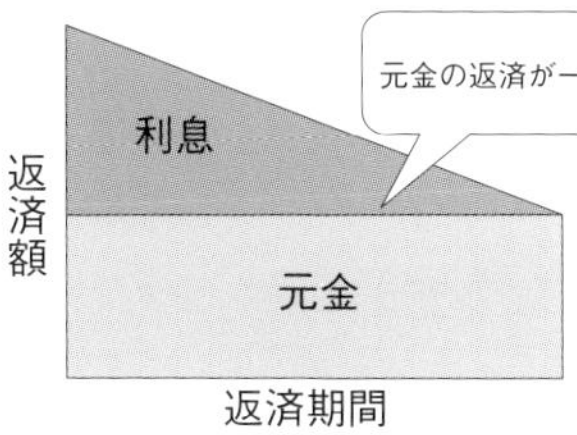

＜元利均等返済＞

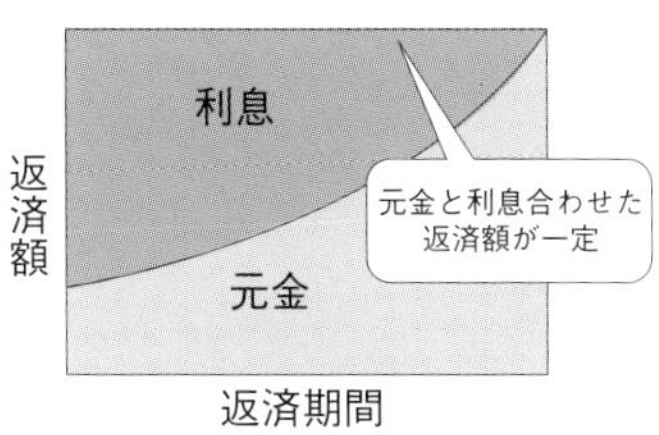

アドオン方式

はじめに借入元金に対して利率を掛けて、借入期間の返済利息の計算をしてしまいます。そのうえで元金＋利息を支払回数で割って毎月の返済額を割り出す方法で、主にクレジットカード返済で用いられます。

返済額をあらかじめ知り、一定の額で着実に返済していきたい場合に用いられます。ただ、はじめに借りた元金に対してすぐに利息を計算してしまうので、支払を続けて元金が減っても利息の減少がありません。

リボルビング方式

あらかじめ契約により、一定の利用限度額と最低支払額を決めておきます。利用限度額の範囲内であれば利用金額や回数に関係なく繰返し追加利用できる方式です。これも主にクレジットカード返済で用いられます。現在利用している金額にかかわらず最低支払金額を払えばよいところが、月賦払いと大きく違います。最近では利用残高に応じて最低返済額がスライドする方式や、借入残高に応じて元金充当額の見直しが行われる方式などもふえています。

資金使途による金利の違い

お金を貸し出す銀行の立場として、「何に使うかわからない」資金よりも『教育』や『マイカー』など目的がはっきりしているほうが返済計画として安心です。

そのため一般的に、「フリーローン」よりも「マイカーローン」など目的がはっきりしているローン金利のほうが金利は低く設定されています。借入れの際は「資金使途証明」の提出が求められたり、直接カーディーラーへ資金を振り込む方式をとるなどさまざまな確認方法があります。

利息の計算方法

預金の利息額は『元金×年利率×利息計算期間（預入日数）÷３６５』で求められます。1年を３６５日とする日割計算です。その利息額に対して原則税金（⇩単語集）（所得税15・３１５％、住民税5％で合計20・３１５％）が差し引かれます。元金に対して「付利単位」（利息をつける最小単位）がそれぞれの預金種目ごとに決まっています。利息計算は付利単位未満の金額は切り捨てられて計算されます。また、1円未満の利息額がつく場合も切り捨てます。

定期性預金の利息計算には、複利型と単利型（⇩単語集）があります。

利息計算期間の日数は『片端入れ』と『両端入れ』という2種類の考え方があります。『片端入れ』は預金利息の計算に用いられる方法です。利息計算期間の最後の1日＝満期日（払戻日）を数えません。預金利息の利息計算期間は『預入日から満期日前日まで』となります。『両端入れ』は貸出金の利息計算に用いられる方法です。初日（貸出日）から利息計算期間の最後の1日（返済日）までを数えます。

Point Check!

ポイントチェック

Q1 ～ Q10 のうち
正しいものは、どれでしょうか？

Q1 新規口座の開設時に取引時確認をすれば、その他の取引で確認をする必要はありません。

Q2 貯蓄預金は公共料金等の自動支払の利用はできませんし、給与や年金等の自動受取りの口座としても指定はできません。

Q3 通知預金の預入期間は7日以上で、払い戻す場合は前日までに通知が必要です。

Q4 決済用預金には三つの条件があります。利息がつかない、要求払い、決済サービスを提供できるというものです。また預金保険制度による全額保護の対象となります。

Q5 個人向け国債（変動10年）は、1万円から個人のみが購入できる国債です。中途換金は原則、認められていません。

Q6 銀行員には善管注意義務が求められます。これは、業務上知りえたお客さまの情報を第三者にもらしてはいけないということです。

Q7 スーパー定期預金の期間3年以上のものは、半年複利型もあり、これは個人のみが対象です。

Q8 普通預金は最も基本的な預金で、100円以上いくらでも自由に預入れ・払戻しができます。

Q9 預金保険制度で保護される預金の範囲は、原則として金融機関ごとに一人1000万円までの元本とその利息です。

Q10 投資信託など元本割れの可能性のある商品を購入するお客さまには、十分に商品説明を行い、内容をよくご理解いただけたかを確認する必要があります。

正解

Q1 × 取引時確認は、新規口座開設時のほかにも200万円超の大口現金取引時や名義人へのなりすまし等の疑いがある場面でも必要です。
Q2 ○
Q3 × 払い戻す場合は2日前までに通知が必要です。
Q4 ○
Q5 × 発行から1年経過すれば、原則、中途換金ができます。
Q6 × 業務上知りえたお客さまの情報を第三者にもらしてはいけないというのは、守秘義務を指します。これも銀行員にとって求められていることです。
Q7 ○
Q8 × 普通預金の預入れ・払戻しは、1円以上です。
Q9 ○
Q10 ○

3

お金を貸す（融資業務）

P38 融資の基本

P40 融資の形態

P42 融資業務の流れ

P44 Point Check!

融資の基本

経済に果たす融資の役割

日本に銀行ができたのは明治時代のことです。1873年7月、東京に第一国立銀行が開業しました。時の高官、渋沢栄一が、大商人とともに設立したのです。

しかし、それ以前にも金融機関はありました。鎌倉時代には、担保を預かってお金を貸すという、現代の質屋に似た金融機関が存在しました。預かった質物を保管する土蔵をもっていたので、土倉（どそう）と呼ばれていました。

銀行は大勢の個人や企業から信用されてお金を預かり、お金を必要としている個人や企業を信用して融資（貸出）を行っています。これを「与信業務」（⇩単語集）といいます。

企業がお金を調達する方法としては2通りあります。銀行が個人や企業などから預金のかたちで受け入れた資金から融資を受ける「間接金融」（⇩単語集）と、企業自らが社債や株式を発行し、資本市場を通して、直接資金を調達する「直接金融」（⇩単語集）です。このうち、間接金融は、銀行がお金に余裕のあるところから、お金が不足しているところへ、銀行の信用に基づいて資金の仲介を行うことで可能になるものです。このような銀行の機能を「資金仲介機能」といいます。

また、銀行が融資した資金の全額は現金で支払われずに、大部分は当座預金やその他の預金に振り替え入金されます。そして、この預金もすぐに払い出されることなく、ある程度は預金として残ります。そこで、銀行は歩留まりした預金をもとに、また新しい融資を行い、さらにそれによって生じた歩留まりによって融資を繰り返します。その結果、当初受け入れた預金の数倍の資金をつくりだすことができます。これを銀行の「信用創造機能」といいます。預金と融資の両方の業務を行っている銀行だからこそ果たすことのできる機能です。

このように銀行が行う融資は、資金の仲介および信用創造という機能を通じて、経済活動が円滑に行われるように社会に貢献しているのです。

銀行はその機能や役割から公共的な存在といえます。銀行の経営悪化は、銀行の信用力に大きな悪影響を及ぼし、融資を受けた企業が倒産する可能性も出てきます。国内の経済環境の変化や、国際的な金融市場の影響を強く受けることが多くなった現在、銀行は健全性の維持・向上に注力しています。

融資の基本原則

融資は銀行の資金運用の中心であり、全資産のなかで占める割合は最も高いものです。また、銀行の収益面でも、手数料収入などのウエイトが高まってきてはいますが、依然として融資による利息・割引料などは最大の収益源といえます。お客さまの返済が滞ったり（延滞）すると、銀行は融資に伴う利息収入が得られなくなります。万一、融資したお金が回収できなくなったときのリスクは銀行が負うことになります。それだけではなく、お客さまや株主にも損害や迷惑をかけることになり、銀行の信用にも影響してきます。それだけに、融資を行う場合は、次の五つの原則に従って慎重に行動しなければなりません。

「銀行の信用創造機能」のイメージ図

公共性の原則

銀行も利益を追求する営利企業ですが、同時に公共性も求められています。お客さまの預金を安全にお預かりするという社会的な責任がある一方で、資金運用（特に融資政策）では国の経済の成長や発展に寄与しなくてはならないという責任も負っています。社会的な批判を招きかねない融資は行ってはいけないということです。

安全性の原則

「貸出」の最大のポイントは「確実に回収する」ことです。そのためには、貸出先の返済能力、実態、資金使途、将来性などを十分に把握することが必要です。

流動性の原則

「貸出」を行うための資金源である「預金」は景気の動向や金融情勢によって大きく変化します。また、1年を通しても季節的な増減も起こります。こういったことに対応できるよう、貸出金が適正に回転し、流動性を保てるようにする必要があります。貸出金の使途、返済資源、担保内容には十分注意し、最適な資金運用ができるように配慮しなくてはなりません。

融資の基本原則

1. 公共性の原則
2. 安全性の原則
3. 流動性の原則
4. 収益性の原則
5. 成長性の原則

収益性の原則

銀行には公共性があるとはいえ、営利企業であることには変わりませんから、企業である限り利益を追求しなければなりません。また、利益をあげて自己資本の充実を図ることは、社会的責任においても重要です。

成長性の原則

銀行の貸出金は企業の成長を手助けするとともに、その企業の盛衰は銀行の発展も左右します。長期的な視野に立ち、成長性のある企業との関係を密接にし、企業の成長と同時に銀行自身も成長していきます。

資金使途

みなさんがお金を借りるとしたら、どのようなときでしょうか。

住宅および住まいに関する資金・車や家電製品などの消費財の購入資金でしょうか。一般に、資金使途は三つに大別されます。事業資金、財政資金、そして消費資金です。財政資金は、国や地方公共団体の財政資金で、歳入や歳出との一時的なギャップを埋めるためなどに必要とされる資金です。事業資金は、企業の事業のために利用される資金で運転資金と設備資金に分けられます。

運転資金

原材料の仕入や人件費等の営業経費の支払の資金で、用途によりさらに細かく分類されます。

「経常運転資金」は、企業活動を継続するために必要とされる資金ですが、不足した場合に融資が必要となります。「増加運転資金」は、経常運転資金が生産や販売の増加等により増加した場合、そのほか、ある時期になると必要となる「季節資金」、臨時的な要因で発生する「臨時運転資金」、配当金、役員賞与等の支払に必要な「決算資金」、企業の予定している必要時期までのつなぎとしての「つなぎ資金」等があります。

「設備資金」とは、土地、建物、機械等の企業の生産設備を購入したり、福利厚生面の充実を図るために必要な資金です。

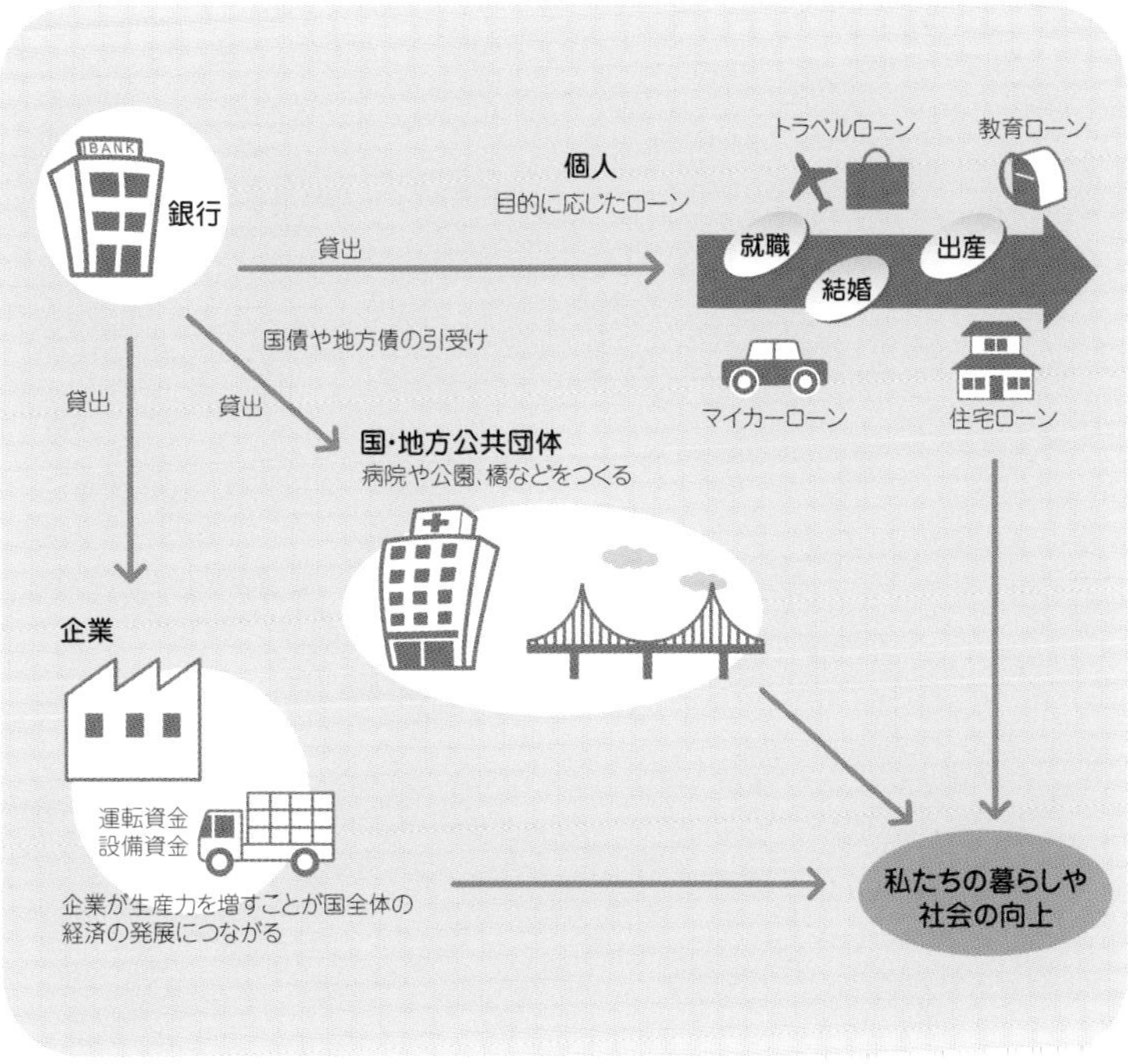

融資の形態

融資の分類

融資はさまざまな観点から分類することができます。融資先が法人か個人か、大企業か中小企業かという融資先の規模・業種による分類、事業資金か消費資金かといった目的による分類、担保の有無・種類による分類、融資期間の長短による分類等があります。ここでは、銀行の勘定科目による分類方法で説明します。

手形割引

商取引に基づいて振り出された手形を所持する取引先が、手形の支払期日前に資金を必要とするときに、銀行がその手形を買い取ることをいいます。その手形金額から支払期日までの利息（割引料）を差し引いた金額で買い取ることから、手形割引といいます。銀行は手形割引の取引の際には、手形が不渡りになったときなどのために手形振出人の信用や依頼先に買戻しの能力があるかを審査します。

現在、銀行の融資業務に占める手形割引の割合は、非常に少なくなっています。

手形貸付

銀行が借用証書の代わりに約束手形（後述、「お金を送る」参照）の差入れを受けて行う融資です。手形の受取人は銀行、振出人は貸出を受ける会社になります。

一般的に比較的短期（1年以内）の運転資金（原材料、商品仕入れなどのための資金として借り入れ、販売後の回収代金で一括返済する）の借入れに利用されることが多く、銀行の融資業務の中心を占めています。

証書貸付

融資先と、融資金額、返済期間・方法・利率などの融資条件を記載した「金銭消費貸借契約」を締結して行う融資です。

返済が長期にわたる設備資金融資、消費者金融や長期運転資金、分割返済の約定のある貸出等に利用されます。

当座貸越

口座に融資の限度額を設定し、その限度額、期間内は反復継続して自由に資金を借り入れたり返済したりできる融資の方法です。

当座貸越には「専用当座貸越」と「一般当座貸越」の2種類があります。名称は銀行によって違いますが、「専用当座貸越」は貸越用の当座預金口座を開設しないで、銀行が取引先との約定によってあらかじめ定めた一定の限度額（貸越限度額）まで、何回でも継続して資金を貸し出す取引をいいます。

取引先が「専用当座貸越」を使用するときは、あらかじめ銀行に通知し、銀行の承諾を得なければなりません。

「一般当座貸越」は、当座預金をすでに開設しており、振り出した手形・小切手が支払呈示された場合、当座預金の残高が不足しても一定の限度額まで銀行が貸し付けることをいいます。

一般当座貸越は、個人の預金口座である「総合口座」の貸越をイメージするとわかりやすいと思います。一般当座貸越は、融資先にとっては、借入れは随時にでき、一方返済は任意の時期に当座勘定へ入金すれば自動的に返済される仕組みになっており、また現実に利用した資金に対してのみ利息を支払えばよいので有利といえます。

コール・ローン

銀行がその支払準備や一時的な余裕資金について、短資会社を通じたり、直接に金融機関に対して融資を行うことをいいます。特徴は、当事者が短資業者または金融機関に限定されていることと貸出金利が低いことです。

コール・ローンとは、コール資金の出し手（貸し手）側からみた呼び方で、取り手（借り手）からはコール・マネーと呼びます。

支払承諾

銀行が取引先からの委託により、第三者に対して各種の保証

をすることをいいます。実際には資金の貸出は行いませんが、銀行が保証をするということで融資と同様の審査が行われます。取引先からは金利の代わりに「保証料」をいただきます。

支払承諾の種類としては、

・手形保証
・税金延納保証
・取引代金の保証
・他金融機関からの借入れに対する保証
・売買契約履行の保証

などがあります。

貸付有価証券

銀行が保有する有価証券を各種の保証金・供託金の代用として、あるいは担保として利用させるために貸し出すことをいいます。

個人ローン・住宅ローン

従来、銀行取引の中心であった企業取引（ホールセールマーケット）は、間接金融から直接金融へのシフトにより銀行からの借入れのウエイトが減少する傾向にあります。また、銀行間の預金金利や貸出金利の競争の激化により、収益性は総じて低下の傾向にあります。

こうした環境の変化のなかで、注目されてきたのが、個人取引（リテールマーケット）です。そのなかでも、個人ローンについては、長期にわたり安定した取引となり、かつ高い収益が期待できるということで、各銀行では推進に力を入れています。

個人ローンは、銀行が個人のお客さまに対して行う融資で、より多くの人に利用してもらえるよう、資金使途、貸付金額、利率、期間、返済方法、担保など、貸出の条件があらかじめ定型化されています。

ローンには、住宅取得のための住宅ローン、車購入のためのマイカーローンや教育資金のための教育ローンなど、目的を決めて使用するための「目的型ローン」と使用使途を決めない「多目的型ローン」があります。多目的型ローンの代表的なものとしてカードローンがあります。一般に目的型ローンより金利は高くなっています。

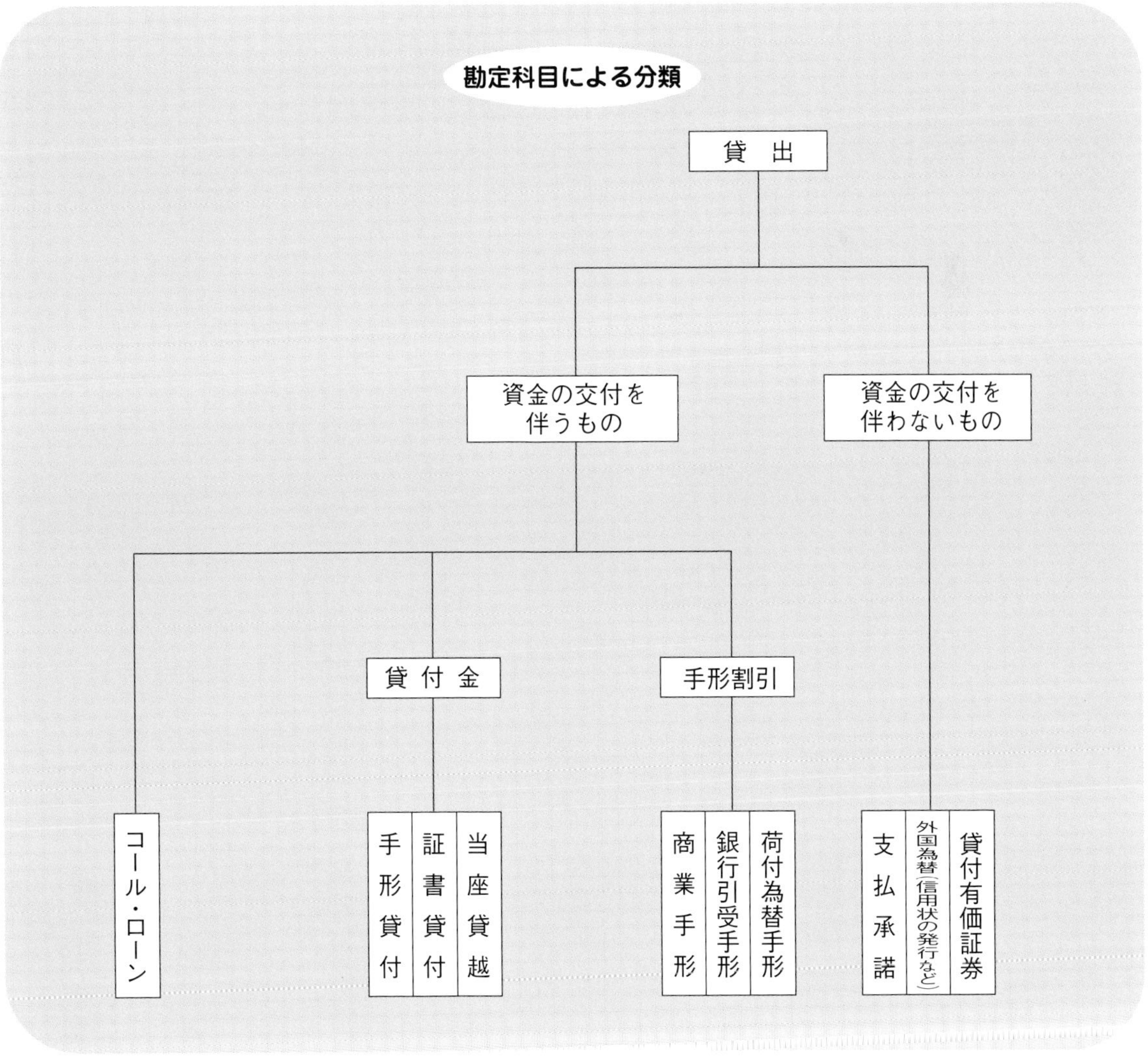

融資業務の流れ

融資の申込みから回収までの流れ

融資業務はお客さまの大事な預金を他の人に貸し出すのですから、銀行の全般的な業務知識はもとより、財務分析をはじめ専門的な知識・スキル、経験等が高いレベルで要求される業務です。

融資の申込みを受けた後、融資を実行（資金を交付）し回収するまでの流れは、おおよそ次のとおりです。

①借入れの申込みの受付
⇩
②審査手続
⇩
③融資の決定と実行
⇩
④事後管理
⇩
⑤回収

ここでは、融資の受付から実行までの段階を簡単に説明します。

申込受付時のポイント

融資業務の最も大切なことは、貸し出された資金が、融資先で有効に活用され、貸出期限に確実に回収されることです。

そのためには、申込時のヒアリングが大切です。

申込みを受けた場合は左表「ヒアリングのポイント」の項目を参考にヒアリングしていきます。

融資を実行するにはさまざまな条件が満たされていなければなりません。このヒアリング内容は、融資が実行できるかどうかを判断する材料となります。誤った内容では正しい判断はできませんので、正確なヒアリングが大切です。また、この時点で、融資の実行を約束または約束と受け取られるような発言や対応をしてはいけません。

ヒアリングのポイント

①申込金額	資金総額はいくらで、そのうちいくら借りたいのか
②資金使途	何に使うのか
③借入希望日	いつ必要なのか
④返済期限	いつまでに返すのか
⑤返済方法	いくらずつ返済するのか
⑥返済原資	どのような収入で返すのか
⑦担保	何を担保にするのか
⑧保証人	だれが保証するのか
⑨回答期限	いつまでに返事が必要か

審査手続

審査能力が金融機関の優劣を左右する

借入れの申込みに対して、融資を行うかどうかを決定する過程を融資の審査といいます。融資は金融機関の収益の柱で、融資の金額や担保の有無などによって融資の決定権限者が異なり、担当者から上司や支店長、本部の審査部まで稟議書がまわされ、融資の決裁を受けることになります。

審査には、安全性、収益性、公共性の原則があり、これらに照らして各案件を精査します。最近では、企業融資の審査にＡＩ（人口知能）技術が活用され始め、申込みから融資実行までオンラインで解決するスピーディーな審査を実践している銀行もあります。人間の目利きとＡＩの得意領域を組み合わせることで、より早く、確実に顧客の課題を解決できる時代になりつつあります。

融資先の属性についての検討

融資には担保・保証があればリスクを減らすことができますが、そればかりに頼っていては、担保の評価が下がった場合に資金を回収できませんし、価値を生み出す事業に融資を行うという銀行本来の役割を果たすことができなくなってしまいます。融資先との信頼関係に基づいて誠実に返済してもらうためには融資先の属性に関する検討が非常に重要です。融資先が属する業種・業界の成長性、融資先の業界内における競争力などを知ることは、長期の融資を行う場合や融資先

に対する将来に向けた方針を立てる場合に重要な判断要素となります。経営者に関する検討には、経営手腕だけでなく識見・ビジョン・信望・決断力等まで踏み込むため、担当者にその判断能力が要求されます。

財務内容の検討

財務内容の検討は融資先の過去から現在に至る財務データから企業実態を解明する作業です。過去から現在に至る変化、同業他社との比較を通じて、収益性、安全性および成長性を探ります。

資金使途に関する検討

必要資金の総額・自己資金はいくらか、借入金額の妥当性、さらに回収の確実性を確認するとともに、公序良俗（⇩単語集）に反しない使途であることを確認します。

金利の決定

さまざまな検討を加えた最後に融資金の価値ともいうべき金利の決定をします。融資金利は金融機関の収益に大きな影響を及ぼすので、適切な水準に決定することは非常に重要です。金融機関の調達コストを踏まえつつ、融資の安全性、融資先との親密度、金融機関間の競争などの諸要因を総合して決定します。

担保の必要性

万一返済不能に陥った場合を考え、銀行は融資を行う際、元利金の回収を確保するため土地や建物等を担保として取得します。

担保物の種類

法律上は、譲渡が可能で換金価値のある財産は、何でも担保物とすることができます。

主に次のものがあります。

①不動産
…土地、建物、工場財団（⇩単語集）など

②動産
…商品、機械・器具など

③有価証券
…株式、公社債、手形など

④指名債権（⇩単語集）
…預金、入居保証金、売掛金など

⑤その他の権利
…知的財産権（著作権・特許権など）、ゴルフ会員権など

⑥預金担保…定期性預金など

担保評価の方法

担保評価は、たとえば不動産には原価法、取引事例比較法等があるように、担保の種類ごとに評価のもととなる時価や実勢価格を慎重に判断し求めます。その求めた額に評価のための担保掛け目（一定の割合）を掛け決定します。

融資業務のコンプライアンス

融資業務においては、反社会的勢力に対して資金提供を行ってはならないなど、法律により禁じられている事項があります。代表的な項目についてのみ説明しますが、これらの行為は絶対に行ってはいけません。

守秘義務（しゅひぎむ）

業務を通じて知りえた得意先の情報は、公開されている情報のほかは、第三者にもらしてはいけません。電車やタクシーなど、乗り物のなかで取引先の話などをしてはいけません。

導入預金（どうにゅうよきん）

「預金等に係る不当契約の取締りに関する法律」により禁止され、かつ罰則の対象となる預金のことです。受け入れてはいけない預金です。

預金者が第三者と結託し、銀行がその第三者に融資することを条件に、当該預金の債権を担保として提供することなく預金し、第三者からは裏利息などにより利益を得る目的がある場合、その預金を導入預金といいます。

浮貸し（うきがし）

「出資の受入れ、預り金及び金利等の取締りに関する法律」（出資法）に抵触します。

金融機関の役職員等が、その地位を利用して自己または第三者の利益を図るために、職務上管理しているお金を職務権限に違反して、正規の手続をとらずに貸し出したり、資金の貸借の媒介を行うことをいいます。このような行為は「出資法」に違反します。

インサイダー取引

「金融商品取引法」に抵触します。

日常の取引を通じて取引先の重要情報を容易に入手しうる立場にある人が、その立場を利用して、一般に公開される前に入手した情報により、上場会社の株式などを売買することをいいます。

こうした取引は投資家保護と公正な株価形成を図るうえで厳重に規制されています。

文書等偽造

「刑法」に抵触します。

登記事項証明書等の公文書のほか、私文書、印章、署名等を行使の目的で偽造する行為は、刑法違反で、刑事罰に処せられます。

預合い（あずけあい）

「会社法」に抵触します。

株式会社の設立または新株発行に際し、株式会社の発起人等が払込みの事実を仮装するため、払込取扱金融機関の役職員と通謀して行う行為をいいます。

Point Check!

ポイントチェック

Q1 ～ Q10 のうち正しいものは、どれでしょうか？

Q1 手形割引とは、手形金額から支払期日までの利息（割引料）を差し引いた金額で手形を買い取ることから、そう呼ばれています。

Q2 お客さまからお預かりしている大切な預金を、別のお客さまにお貸しする業務を与信業務といいます。

Q3 融資の担保物の種類には、不動産、動産、有価証券等があります。有価証券には、入居保証金や売掛金等が含まれます。

Q4 融資業務は銀行にとって最大の収益源です。そのため、融資の審査はあまり厳しくしないほうが、銀行にとってもメリットになります。

Q5 守秘義務は、銀行で働いている時間内のみで、守らなければならないルールの一つです。

Q6 手形貸付は、主として短期の運転資金（原材料、商品仕入れなどのための資金として借入れ、販売後の回収代金で返済する）の借入れに用います。

Q7 インサイダー取引は、金融商品取引法に抵触し、こうした取引は預金者保護と公正な株価形成を図るうえで厳重に規制されています。

Q8 証書貸付は、取引先と金銭消費貸借契約を締結して行う貸出です。主に長期間の貸出や分割で返済を行う貸出に利用されます。

Q9 融資の審査は、安全性、収益性、公共性の原則に照らして行われます。

Q10 支払承諾は、実際には資金の貸出は行いませんが、銀行が保証をするということで融資と同様の審査が行われます。

正解

Q1 ○
Q2 ○
Q3 × 入居保証金や売掛金等は指名債権です。
Q4 × 融資業務で大切なことは、貸し出した資金が融資先で有効に活用され、貸出期限に確実に回収されることです。そのためには、申込時のヒアリングや審査は重要です。
Q5 × 守秘義務は銀行外の、電車やタクシーなどの乗り物のなかなどでも、守らなければなりません。
Q6 ○
Q7 × インサイダー取引は、投資家保護と公正な株価形成を図るうえで厳重に規制されています。
Q8 ○
Q9 ○
Q10 ○

4

お金を送る（為替業務）

P46 内国為替の仕組み

P48 でんさいネット

P50 小切手について

P52 手形について

P54 外国為替の仕組み

P56 Point Check!

内国為替の仕組み

為替の仕組み

「為替」は「預金」「融資」と並び銀行の柱となる業務です。「為替」とは離れたところにいる人との代金の決済方法です。直接に現金を輸送したり、現金で決済すると盗難や紛失等の事故のおそれがあるので、銀行にお金を預け、銀行間の口座で決済を行い、相手の銀行にお金を送る方法です。

「為替」の語源は、鎌倉・室町時代に年貢の立替えをすることを「為え銭」（かえせん・かえぜに）と呼んだのが始まりとされています。その後、江戸時代に江戸や大阪の両替商が買った人にかわって売った人にお金を支払うことが行われるようになり（＝立替え）、それが「かわせ」という言葉として定着しました。

現在、各金融機関の為替は、全国銀行データ通信システム（全銀システム）（⇩単語集）を利用して運営されています。全銀センターと加盟銀行のコンピュータを通信回線で結び、加盟銀行相互間の為替取引の通知をデータ通信で行っています。

既存の「全銀システム」は、平日8時30分～15時30分の銀行間振込みを処理しますが、新システム（モアタイムシステム）が2018年10月より稼働し、全銀システムのその他の時間帯をカバーしています。これにより、銀行間振込みの即時着金が24時間365日可能となりました。

内国為替

お金を送る人（依頼人）と受け取る人（受取人）が日本国内にいて、国内で取引が終了する場合、「内国為替」と呼びます。お客さまから依頼を受けた内国為替は全国銀行内国為替制度に基づいて金融機関相互間で取り扱われます。

内国為替は決済方法により、お金を送る必要のある人（債務者）が銀行を通じて受け取る人（債権者）に送金する方法を送金為替といいます。

反対に、受け取る人が支払う人に対して銀行を通じて取り立てる方法を、取立為替といいます。

送金為替 ～送金～

受取人が銀行に口座をもっていない場合や、受取人の取引銀行がわからない場合に利用します。依頼人は銀行に送金を委託して、預り金と引換えに送金小切手を受け取り、受取人に送付

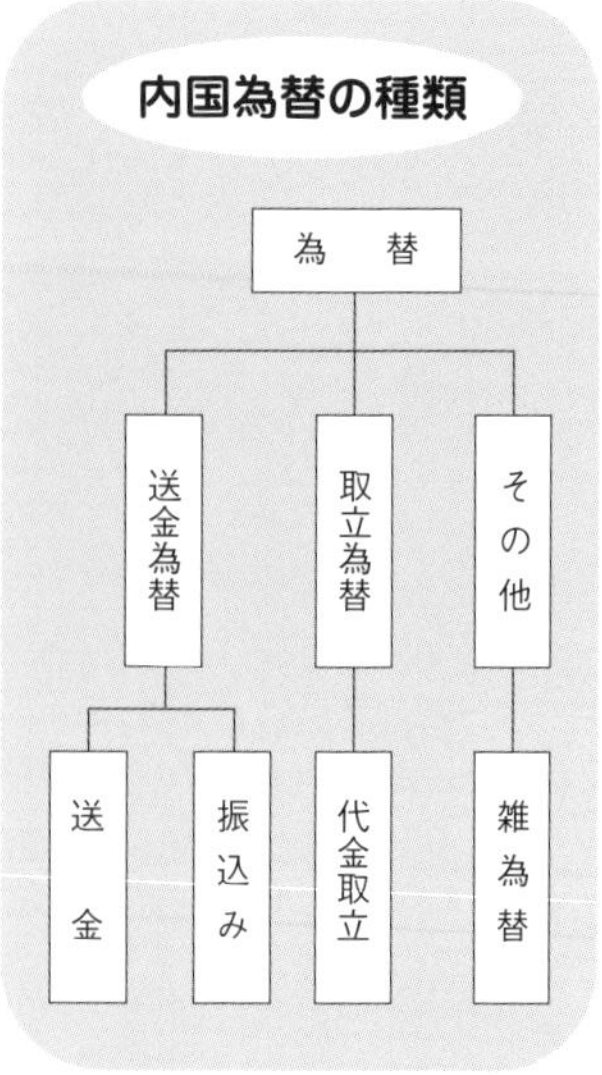

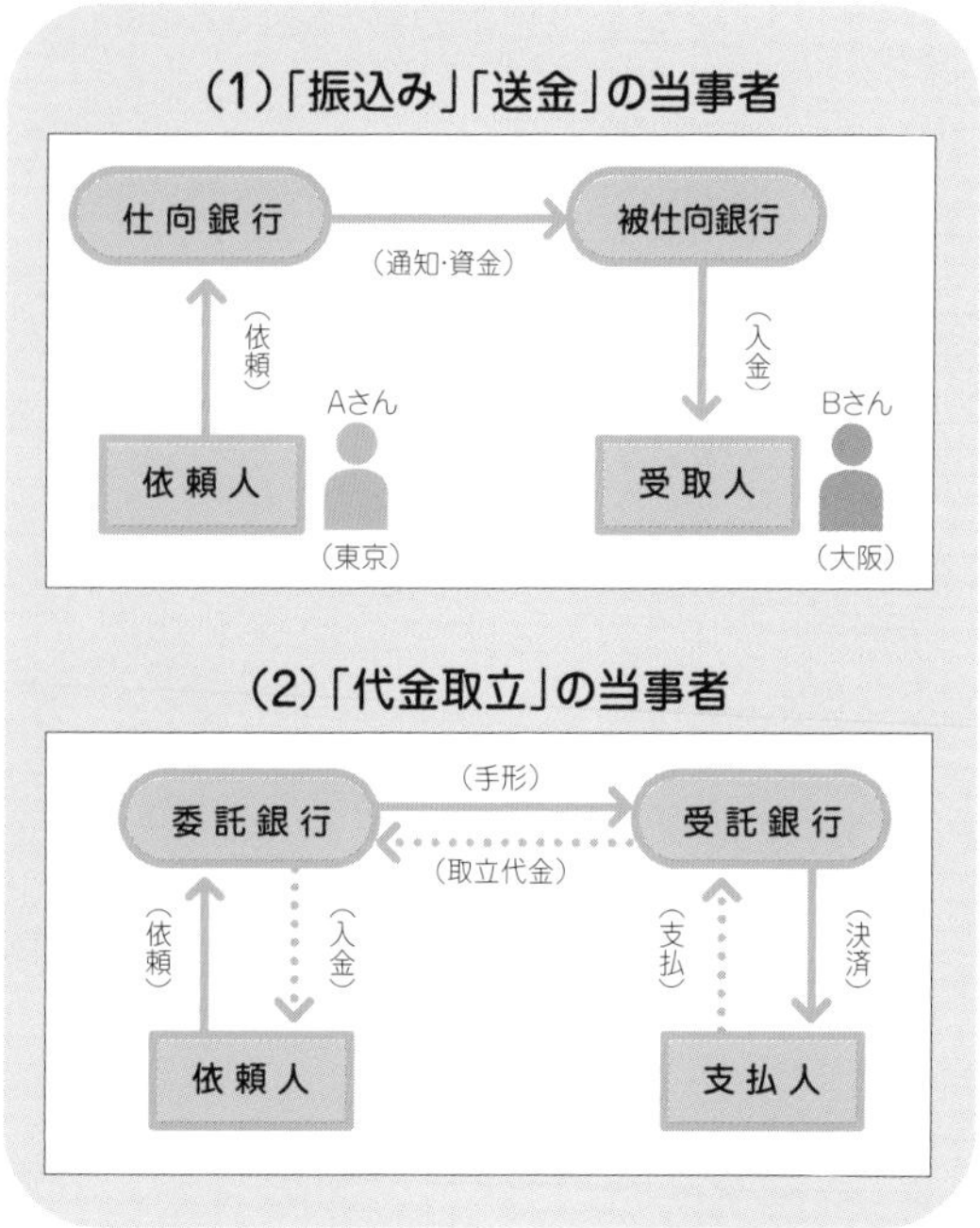

します。受取人がこれを銀行に持参（呈示）して支払を受ける方法です。現在では振込みが中心になっているので、国内ではあまり利用されていません。

内国為替の当事者

依頼人	送金、振込みや取立を銀行に依頼する人
受取人	送った金銭を受け取る人
支払人	代金取立手形の支払をする人
仕向銀行	送金・振込みの場合、依頼人の依頼を受けた銀行は送金・振込みを相手の銀行に対し仕向けるので、仕向銀行という。
被仕向銀行	仕向銀行から送金・振込みを仕向けられる銀行を被仕向銀行という。
委託銀行	取立の場合、依頼人の依頼を受けた銀行は取立を相手の銀行に対し委託するので委託銀行という。
受託銀行	取立の場合、委託銀行からの手形の取立を受託する銀行を受託銀行という。

送金為替 ～振込み～

依頼人が仕向銀行に依頼し、受取人の取引金融機関（被仕向銀行）へ資金を送り、受取人の口座へ入金する方法です。為替資金を送ることを「仕向ける（しむける）」といい、為替資金を受け取ることを「仕向けられる」つまり、「被仕向（ひしむけ）」といいます。送金に取り組む銀行を「仕向銀行」といい、受け取る銀行を「被仕向銀行」と呼んでいます。

振込みは依頼人が受取人のもっている銀行口座に入金を依頼するという送金方法です。その仕組みは、たとえば、

①東京に住んでいるAさんが、大阪に住んでいるBさんに、振込みでお金を10万円送るとします。
②依頼人Aさんが受付銀行（仕向銀行）に現金を預けます。
③仕向銀行は、受取人Bさんの取引銀行（被仕向銀行）に為替通知を発信します。
④通知を受けた被仕向銀行が、通知に基づいてBさんの口座に入金する方法です。

この振込みの通知を全銀システムを利用して行う方法を「電信扱い（テレ為替）」といい、文書の送付により行う方法を「文書扱い」といいます。電信扱い（テレ為替）による振込には、当日扱いの振込のほかに、振込指定日の前に振込通知を発信する先日付振込があります。これは依頼人から振込日が指定されている振込依頼を事前に受け付けて、振込指定日の一定日（1～5営業日）に被仕向店宛てに振込通知を発信し、被仕向店では、振込通知受信後、振込指定日付で入金処理をします。

為替業務による手数料収入も銀行の貴重な収入源となっています。

資金決済は、各金融機関が日本銀行にもっている当座預金を通じて行います。

また、為替取引が自行の本支店間で行われるものを本支店為替（または行内為替）といい、自行と他の金融機関との間に行われるものを他行為替といいます。

全銀システムのイメージ図（他行電信扱いの場合）

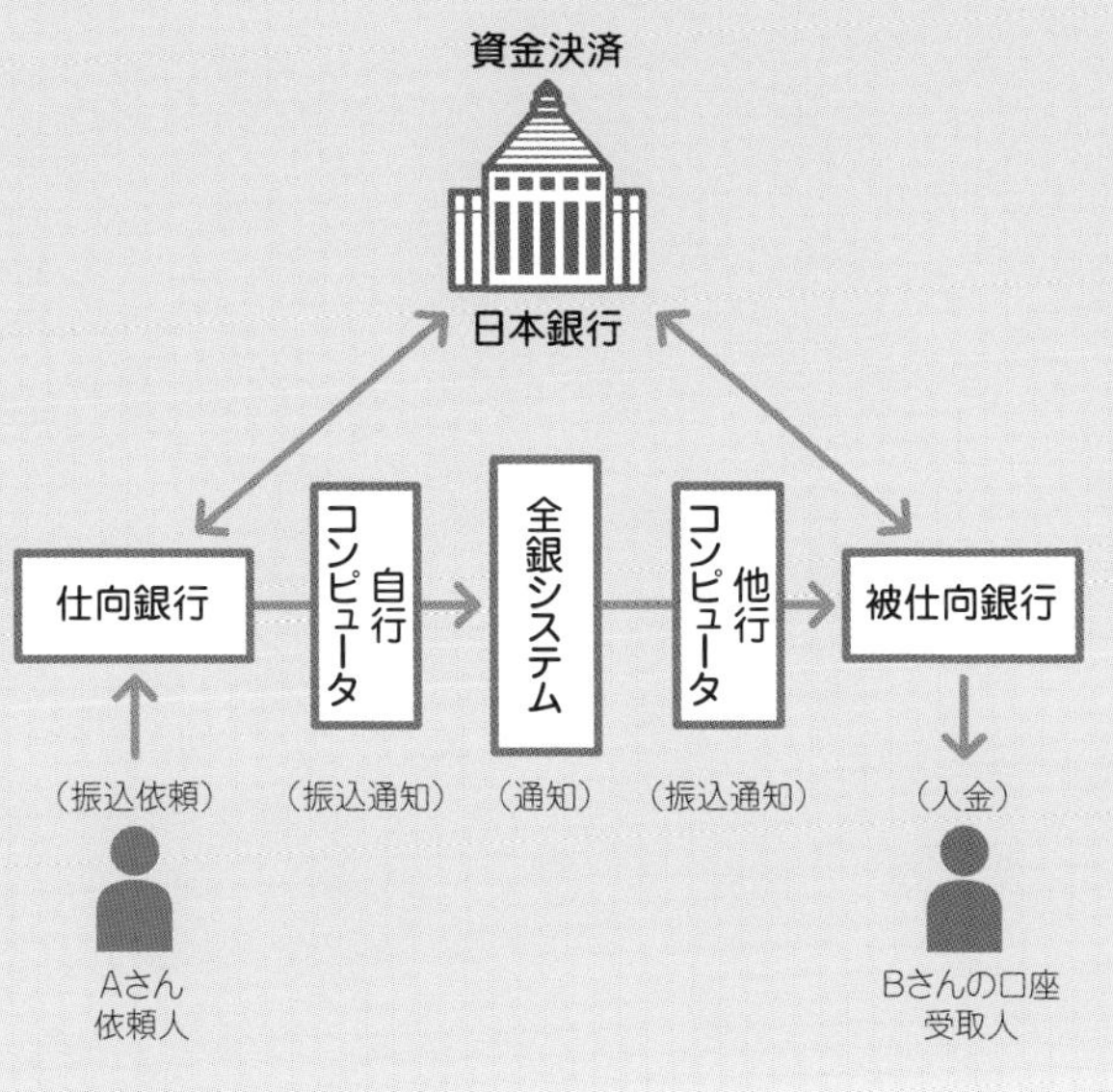

代金取立

支払場所が遠隔地であったり、期日が到来していない手形や小切手など、すぐに預金口座に入金できない証券類を依頼人の代わりに銀行が支払人に請求したり、代り金を依頼人の預金口座に入金する方法です。

手形類を送付する取扱銀行を「委託銀行」と呼び、手形類の送付を受ける取扱銀行を「受託銀行」といいます。

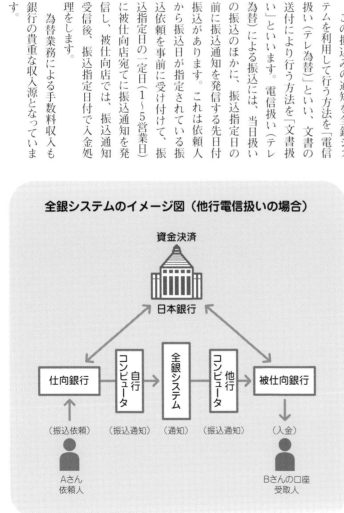

でんさいネット

「でんさいネット」「でんさい」とは

電子記録債権を簡単にいえば、手形を電子化したものです。電子債権記録機関は電子記録債権を記録・管理する役割をもち、全国銀行協会が設立した電子債権記録機関が株式会社全国電子債権ネットワーク（「でんさいネット」）です。でんさいネットで扱われる電子記録債権を「でんさい」と呼びます。

「でんさいネット」を利用できる金融機関は、全国銀行協会に加盟する銀行（都市銀行、地方銀行、第二地方銀行、信託銀行等）のほか、振込のネットワーク（全銀システム（⇩単語集））に加盟している全国の信用金庫、信用組合等です。

「でんさい」の仕組み

手形（約束手形）は支払期日に債務者からお金の支払を受ける権利を表している有価証券で、債権者は取引銀行を通して取立依頼をして資金化します。裏書して第三者に譲渡もできます。

「でんさい」は、支払期日に債務者から振込でお金の支払を受ける権利を電子的に記録したもので、支払期日に債権者の口座に入金されます。

「でんさいネット」を利用するには、利用者自身がインターネット等を操作して、取引銀行（全銀協に加盟または全銀システムに加盟している）を通じ、「でんさいネット」に対して、「でんさい」の発生（手形でいう振出しに相当）や譲渡（手形でいう裏書譲渡）等の発生記録請求を行い、資金決済を行います。

A社とB社の商取引があり、A社（債務者）が売上代金の請求を受け、「でんさい」で支払う場合を例に説明します（債務者請求方式）。

①A社は、事前にB社から連絡を受けた利用者番号、入金口座、債権金額、支払期日等の必要な項目をPC等に入力します。その情報は、A社の取引金融機関であるD銀行を通じて「でんさいネット」の記録原簿に記録されます。

②この時点で「発生記録」が成立し、「でんさい」が発生します。

③記録された「でんさい」の内容（発生記録）は、「でんさいネット」から債権者の取引銀行であるC銀行に発生記録の通知を行います。C銀行は取引先である債権者のB社に発生記録の通知を行います。

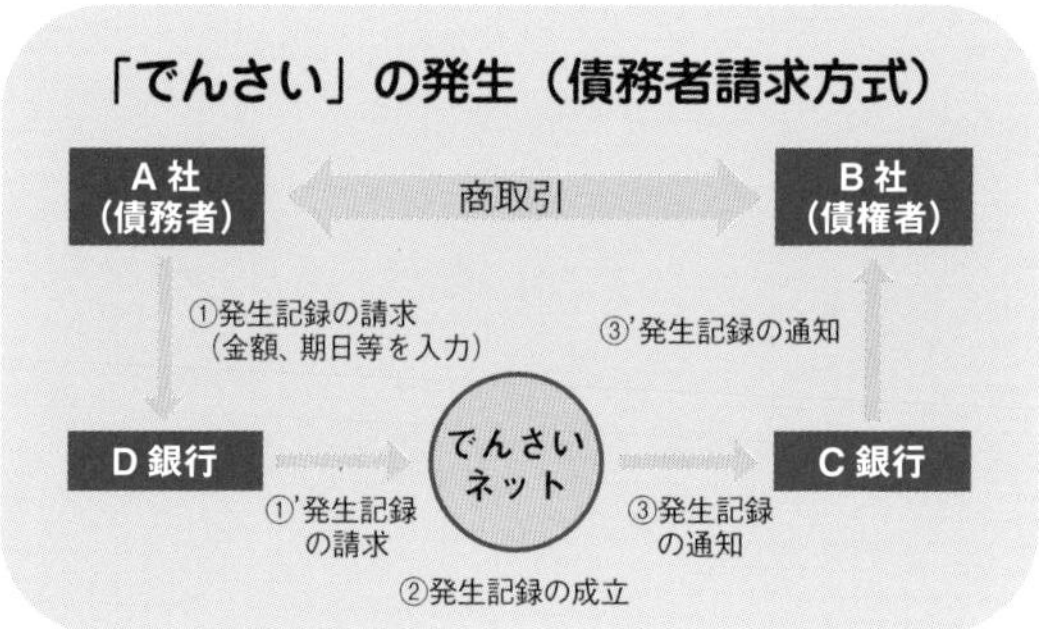

支払

「でんさいネット」から債務者の取引金融機関に決済情報（支払期日の2営業日前）が提供されます。支払期日に債務者の口座から資金が引き落とされ、債権者の登録口座に送金されます（自動送金）。

送金について、他行間は全銀システムで、自行内は行内システムで行われます。

A社とB社の商取引があり、

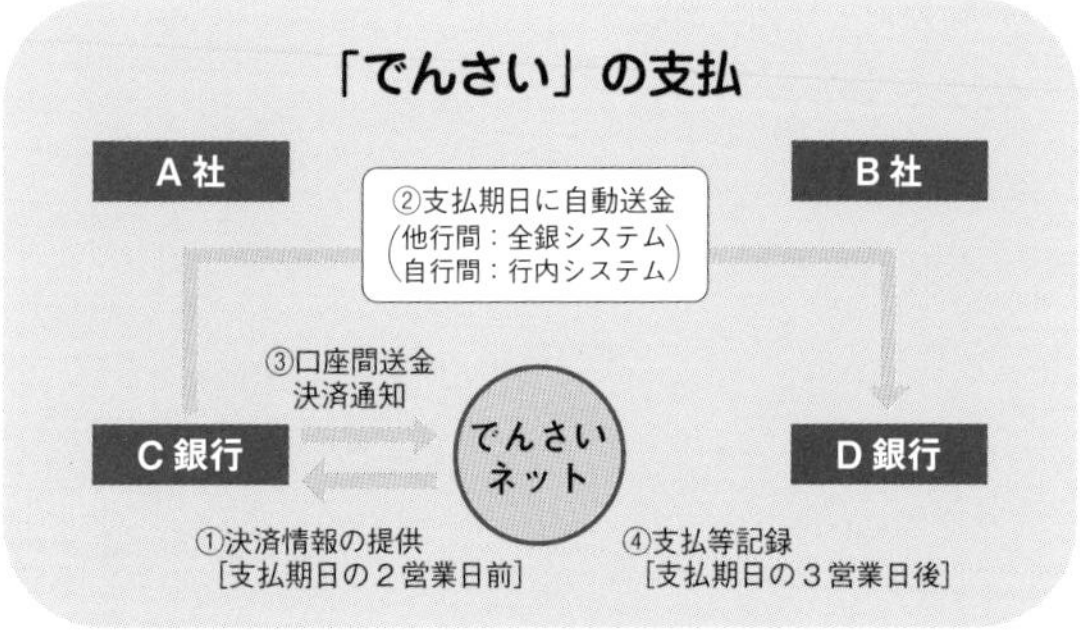

A社が売上代金の請求を受け、「でんさい」で支払う場合です。

①「でんさいネット」から債務者の取引銀行Cに決済情報の提供（支払期日の2営業日前）がされます。

②C銀行は支払期日に債権者の取引銀行Dの登録口座に自動送金します。

③C銀行は「でんさいネット」に口座間送金決済通知を行います。

④「でんさいネット」は決済が無事に完了したことを支払等記録として記録します。

※資金準備の具体的な時間は取引金融機関ごとに異なります。また、実際の入金時間は債務者の資金準備状況等により変わる可能性があります。

譲渡記録請求

B社（譲渡人）が、E社（譲受人）に「でんさい」を譲渡する場合です。

①B社（譲渡人）は、自社の取引銀行Cを通じて譲渡記録請求を行います。

②請求を受けた「でんさいネット」は、「譲渡記録」を行います。

③「でんさいネット」から譲受人の取引銀行Fに譲渡（保証）記録の通知を行います。F銀行は取引先である譲受人のE社に譲渡（保証）記録の通知を行います。

譲渡には原則、保証がセットされます。譲渡人であるB社は保証人として「でんさい」に記録され、手形の遡及義務と同様に担保責任を負うことになります。

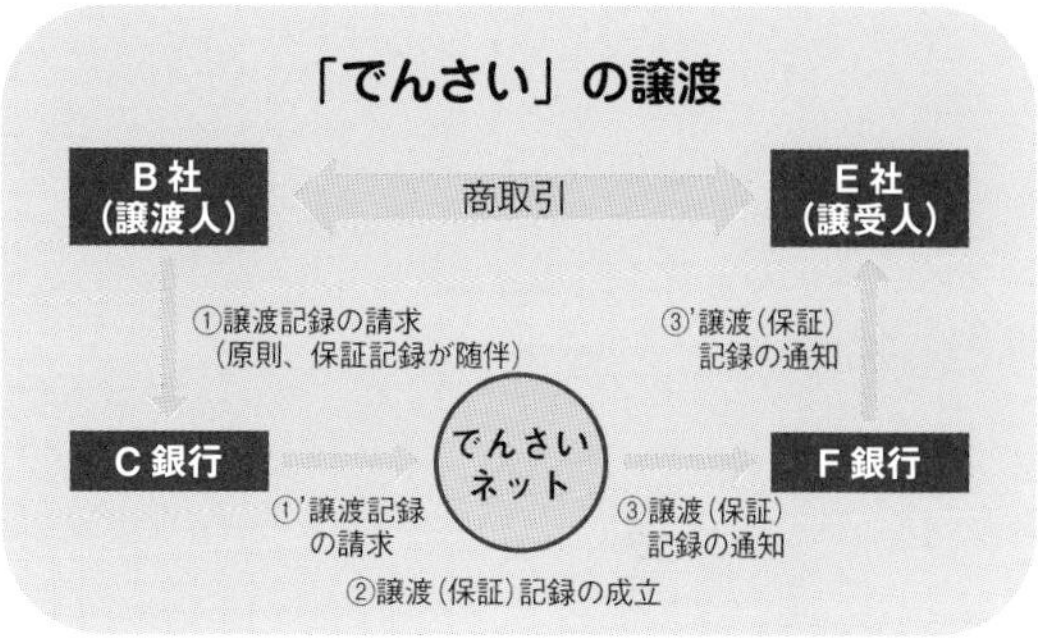

「でんさい」利用のメリット

手形・小切手での決済から「でんさい」に代わることで、利用者（債務者と債権者）にとっても大きなメリットがあります。

「でんさい」利用の注意点

「でんさいネット」利用の際は、お客さま（債務者と債権者双方の利用企業間で合意が必要）のすべてが、取引金融機関を通じて「でんさいネット」の利用申込みをする必要があり、利用要件を満たしている必要があります。また、会計処理が変更になる可能性や手数料が発生します。この手数料は金融機関ごとにサービス内容や利用者の利用形態により設定されます。

これは、振込・為替手数料が金融機関ごとに異なっているのと同様です。担当者としては、「でんさい」利用のメリットだけではなく、注意点もきちんと理解しましょう。

「でんさい」利用のメリット

支払企業（債務者）の悩み	⇒	でんさいの活用
・手形発行時に係る事務負担	⇒	支払に関する面倒な事務負担を軽減
・手形の印紙税負担	⇒	印紙税の課税対象外
・盗難、紛失のリスク	⇒	ペーパーレス化により、紛失・盗難のリスクを軽減。無駄な管理コストを削減
・手形、振込等、複数の支払手段があり非効率	⇒	支払手段を一本化することも可能で資金管理が効率化

納入企業（債権者）の悩み	⇒	でんさいの活用
・手形の受領と保管、取立ての手続が面倒	⇒	支払期日になると、取引金融機関の口座に自動的に入金
・手形は必要な分だけ譲渡や割引ができない	⇒	必要な分だけ分割して譲渡や割引ができる（7営業日前までに行う制限はある）
・盗難、紛失のリスク	⇒	ペーパーレス化により、紛失・盗難のリスクは軽減。無駄な管理コストを削減
・手形は支払期日当日ではなく、交換日の翌日でないと資金化されない	⇒	支払期日に口座入金され、資金繰りが向上

小切手について

手形・小切手の役割とは

　私たちは、毎日必要な物をお金やカードで支払っています。企業の場合も物をつくるための原材料を買い入れたり、設備投資のための費用を支払ったりとそれは同じです。しかし、個人と違い、企業は圧倒的に金額が大きく、支払のためにいちいち現金でやりとりをしていると、大変な時間と手間がかかります。そこで、現金の代わりに行われる代金決済の方法の代表的なものの一つに手形・小切手があります。

　売上代金の回収を手形や小切手で受け取り、それを銀行に入金して支払を受けます。

　手形・小切手は、それ自体にお金と同等の価値があるということで「有価証券」といわれます。手形や小切手に記載されている額面どおりの価値があるからです。

　手形・小切手の信用がなくなると、資金の流通などに大きな障害が出るため、「手形法」「小切手法」という法律に基づいて条件を詳細に規定して、信用維持が図られています。

小切手の働き

　小切手は振出人（小切手を発行する人）が、自分の取引銀行を支払人として、一定の金額の支払を委託する証書です。また、短期間の支払決済を目的とする支払証書で、所持人から支払を求められたら即時の支払に応じる（一覧払い）有価証券です。

　小切手の便利な点は、

①大きな金額でも1枚の小切手ですむ

小切手の支払の仕組み

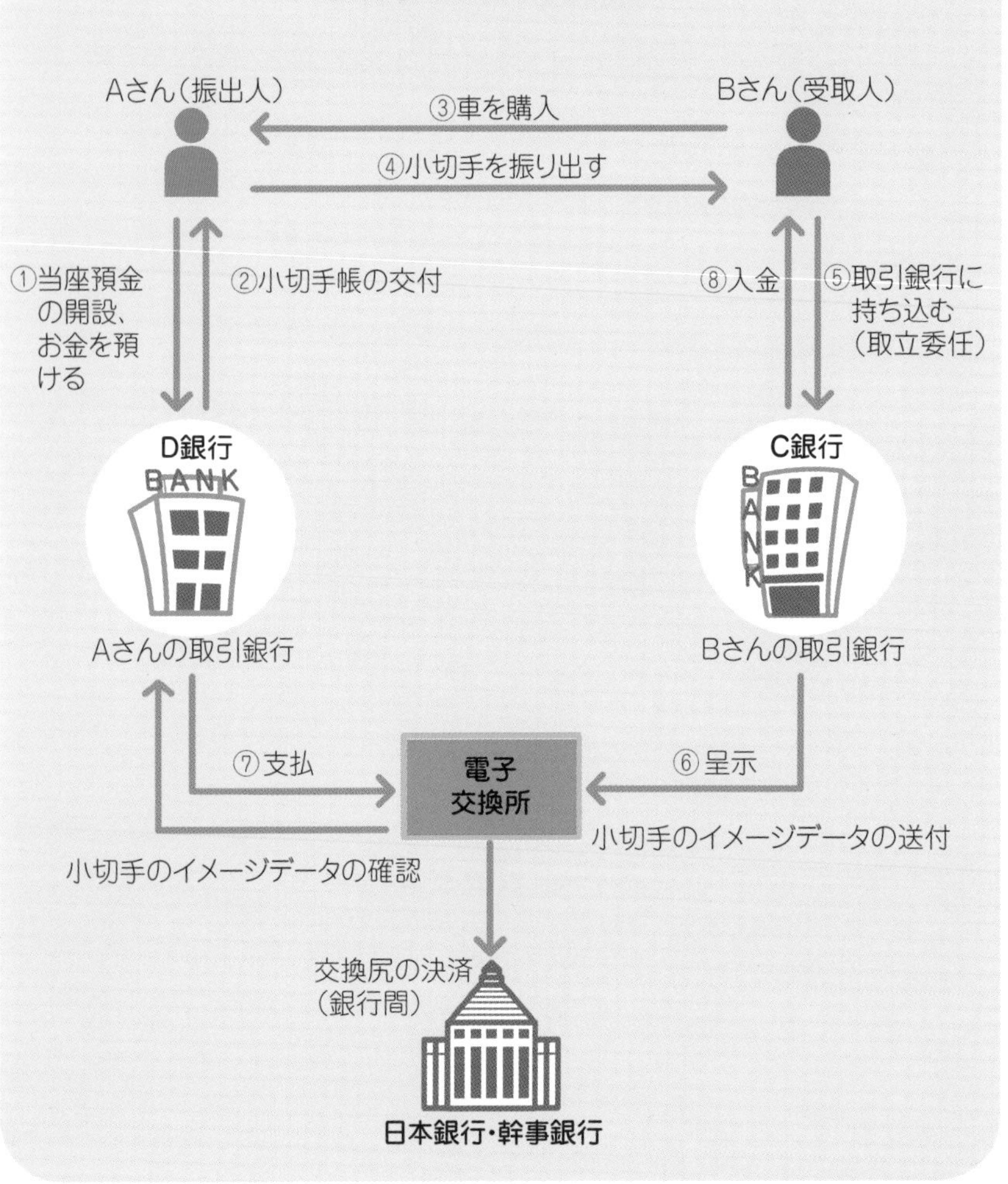

②お金を数える必要がないので、支払う人も受け取る人も手間が省ける
③紛失や盗難などの事故があった場合、被害を防ぎやすい
④銀行に支払記録が残るので経理上役に立つ
⑤手元に現金を置く必要がないため安全

などがあげられます。

小切手を振り出すには、あらかじめ銀行に当座預金口座を開設し、当座勘定取引契約を結び、支払資金を当座預金に預け入れておくことが必要です。

当座勘定取引契約とは、当座預金契約（小切手・手形の支払資金を当座預金として預けておく金銭消費寄託契約）と支払委託契約が一つになった契約です。

小切手の仕組み

Aさん（振出人）は、
①D銀行に当座預金口座を開設し、お金を預け、
②小切手帳の交付を受ける。
↓
Bさん（受取人）から、
③自動車を購入し、
④小切手で支払う。
↓
Bさんは
⑤小切手をC銀行にもって行く（取立委任という）。
↓
⑥C銀行は電子交換所（⇩単語集）でD銀行に呈示する（イメージデータ）。
↓
⑦D銀行はAさんの口座から支払う（引落しをする）。
↓
⑧小切手金額をC銀行はBさんの口座に入金する。

小切手の不渡り

小切手の仕組みで説明したとおり、支払の呈示を受けた銀行は、小切手の振出人の当座預金口座から、小切手金額を引落します。このとき、当座預金口座の残高が不足していると、その小切手の支払はできません。このことを「不渡り（ふわたり）」といいます。

この不渡りを6カ月間に2回以上出すと、その振出人は、銀行取引停止処分となり、2年間は当座預金と貸出取引ができなくなります。

会社が倒産するときなど、この不渡りがきっかけとなる場合もあります。このように、不渡りを出すと取引の相手方に大きな迷惑をかけるばかりか、自分自身も多大な損失を被ります。

当然、その小切手を振り出した銀行の信用にも影響を与えます。そのために、当座預金はだれでも開設できるものではなく、銀行の審査が必要なのです。

不渡りは、手形も同じです。

小切手の種類

線引小切手（せんびきこぎって）

小切手の表面に2本の平行線を引いたものをいいます（平行線の間に「銀行渡り」「銀行」「Bank」などの文字があるものもある）。この2本線のない小切手は、それを小切手に記されている支払銀行にもっていけば、正しい所持人でなくとも額面どおりの金額が持参人に支払われます。つまり、紛失したり盗難に遭った場合、不正に利用されてしまうおそれがあるのです。

2本線のある小切手は、支払銀行（支払人）は自分の取引先か、他の銀行でなければ受入れ・支払ができないため、小切手がだれに支払われたかがわかり、不正を防ぐのに役立ちます。

線引小切手

特定線引小切手（とくていせんびきこぎって）

小切手表面の2本の平行線の間に、特定の銀行の名前が書いてある小切手のことをいいます。特定線引小切手の支払銀行（支払人）は、線内に記入された銀行に対してのみ支払うことができます。線内に記入された銀行が支払銀行自身の場合は、自行の取引先に対してのみ支払ができます。

自己宛小切手（じこあてこぎって）

支払銀行が振出人になっている小切手を「自己宛小切手」といいます。自分（銀行）が自分（銀行）に対して支払を依頼するものです。実際に自己宛小切手を利用できるのは、前もって銀行にお金を払い込み、自己宛小切手をつくってもらった人だけです。多額の支払を現金で行う代わりに利用されます。支払人が銀行であり信用のある小切手です。

記名式小切手（きめいしきこぎって）

小切手の表面の金額欄の下部に小さな文字で記載された「持参人」の文字を横線で抹消して振出人の届出印を押捺し、振出人が交付したい特定の者の名称を記載した小切手です。この小切手は基本的にその特定の者だけが支払を受けられるので、不正取得者へ支払われる可能性は非常に小さくなります。

手形について

手形の働き

手形は小切手と同様、お金にかわる働きをしますが、手形は3カ月先というように一定期間後の期日に支払うことを約束して振り出されるものです。

約束手形とは、振出人が手形の所持人（支払を受ける人）に対し、手形に記載された一定金額をあらかじめ特定された一定の期日（支払期日）に支払うことを約する旨を記載した「確定日払」の有価証券です。

手形の所持人は手形の支払期日まで支払を受けられませんが、手形は小切手同様、譲渡が可能です。

手形による支払の方法は、たとえば、原材料の購入代金を支払期日を3カ月後にした手形を振り出して支払ったとすると、支払期日までに製品を売却してその代金で振り出した手形を決済します。

このように手形は振出日から支払期日まで相手を信用し、現金での決済を猶予しているという点で小切手のように支払だけを目的とした証券と異なります。

手形の仕組み

①Aさん（振出人）は、当座預金口座を開設し、約束手形用紙の交付を受ける。

↓

②Bさん（受取人）から、車を購入し、約束手形で支払う。

↓

③Aさんは支払期日までに、自分のお金を取引銀行（D銀行）に預ける。

↓

④Bさんは約束手形を自分の取引銀行（C銀行）にもっていく（取立委任）。

↓

⑤C銀行は、電子交換所でD銀行に呈示する（手形のイメージデータを電子交換所システムに登録する）。

↓

⑥D銀行は自行宛ての手形のイメージデータを確認し、Aさんの当座預金口座から支払をする。

↓

⑦C銀行はBさんの口座に入金する。

手形・小切手の現金化

手形・小切手を現金化するためには、それを支払銀行にみせ

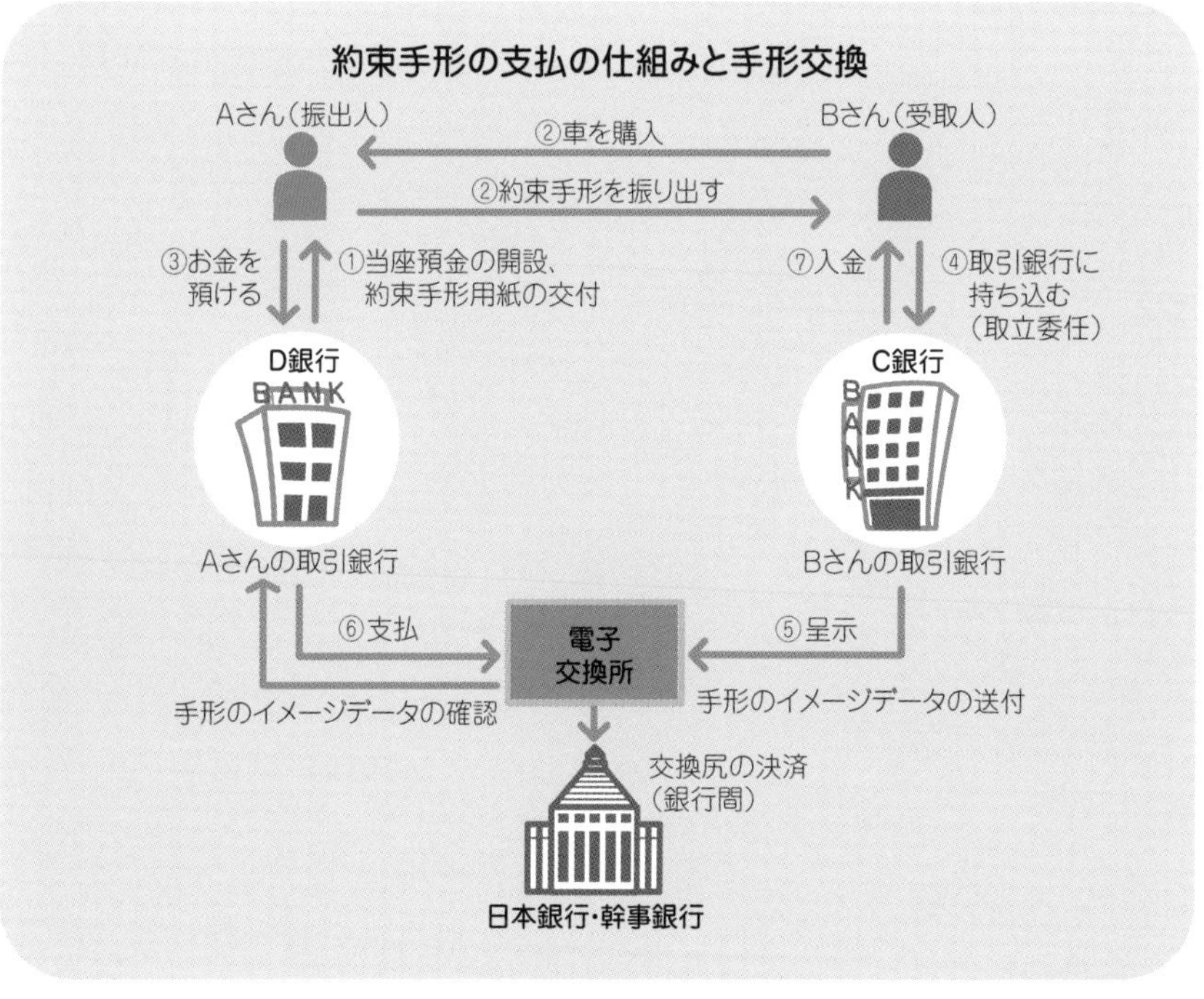

ることが必要で、これを支払呈示といいます。支払呈示は、それぞれ定められた一定期間内に行わなければなりません。この期間を支払呈示期間といいます。

支払呈示は、自分の取引銀行を通じて行います。これを取立といいます（内国為替の代金取立）。

そして、各銀行が取り立てる手形・小切手等のイメージデータを、電子交換所を通じて送・受信し、相互に呈示・交換する仕組みが手形交換です。

手形の種類

約束手形

約束手形は、将来の一定の期日（支払期日）に一定金額を支払うという約束（支払約束）を記載する形式で、振り出す時点で銀行の口座にお金がなくても、たとえば3カ月後にお金が入るので支払えるというときに使います。つまり、手形の振出人が受取人に対して、「〇年〇月〇日、△△円をお支払いします」と約束する形式の証券です。

そのため、約束手形を受け取った場合は、その支払期日が来なければ支払は受けられないということになります。

受取人が支払期日前にお金が必要になった場合、手形を銀行に持参し、支払期日までの利息（割引料）を支払って現金に換えることもできます。手形は裏書（⇩単語集）をすることによって第三者に自由に譲渡ができ、振出人の了承を得る必要はありません。

為替手形

もともと為替手形は送金または取立の手段として生まれ、為替手形は将来の一定の期日（支払期日）に、一定の金額を支払ってもらいたい旨の支払人に対する依頼（支払委託）を記載する形式で、小切手と同じような働きをする証券です。振出人が第三者（支払人）に対して一定金額を他者（受取人）に支払うよう委託する有価証券で、三者間の決済を可能にします。

為替手形は代金の支払よりもお金の取立に使われるケースが多くみられます。

約束手形について、経済産業省は支払いまでの期間が長く、中小企業にとって資金繰りの負担が重いとして、4年後の2026年をめどに利用を廃止するよう産業界や金融業界に対応を求める方針を決めました。金融業界は実現に向けた自主的な行動計画を策定するよう求められています。

約束手形

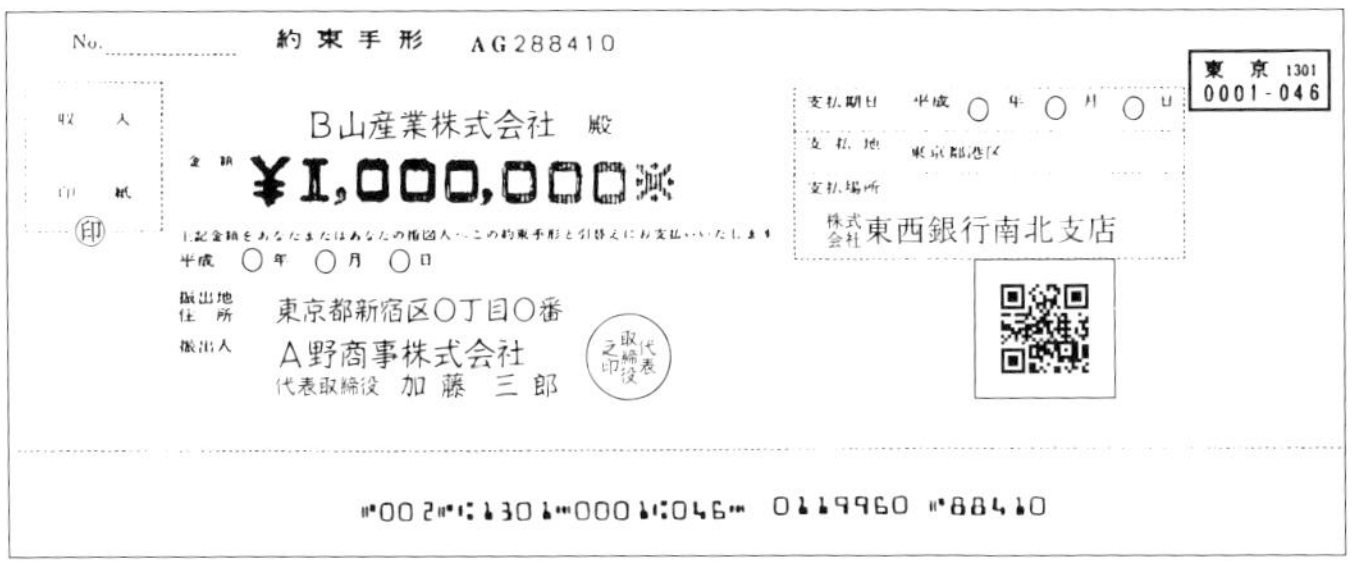

為替手形

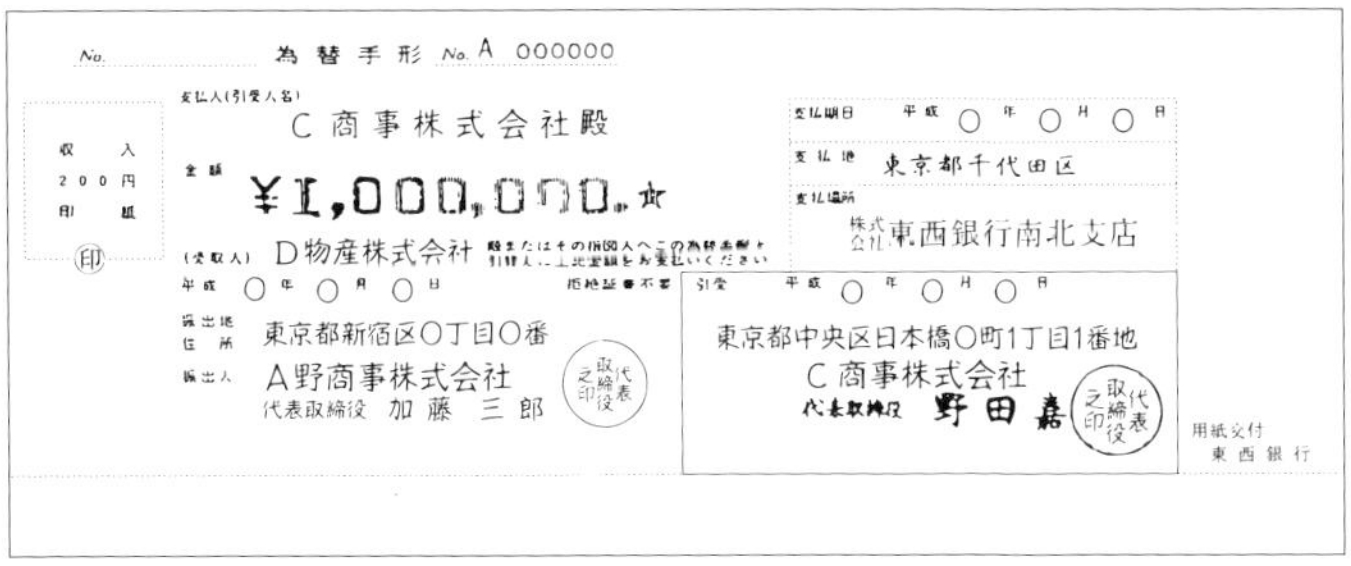

裏書の書式

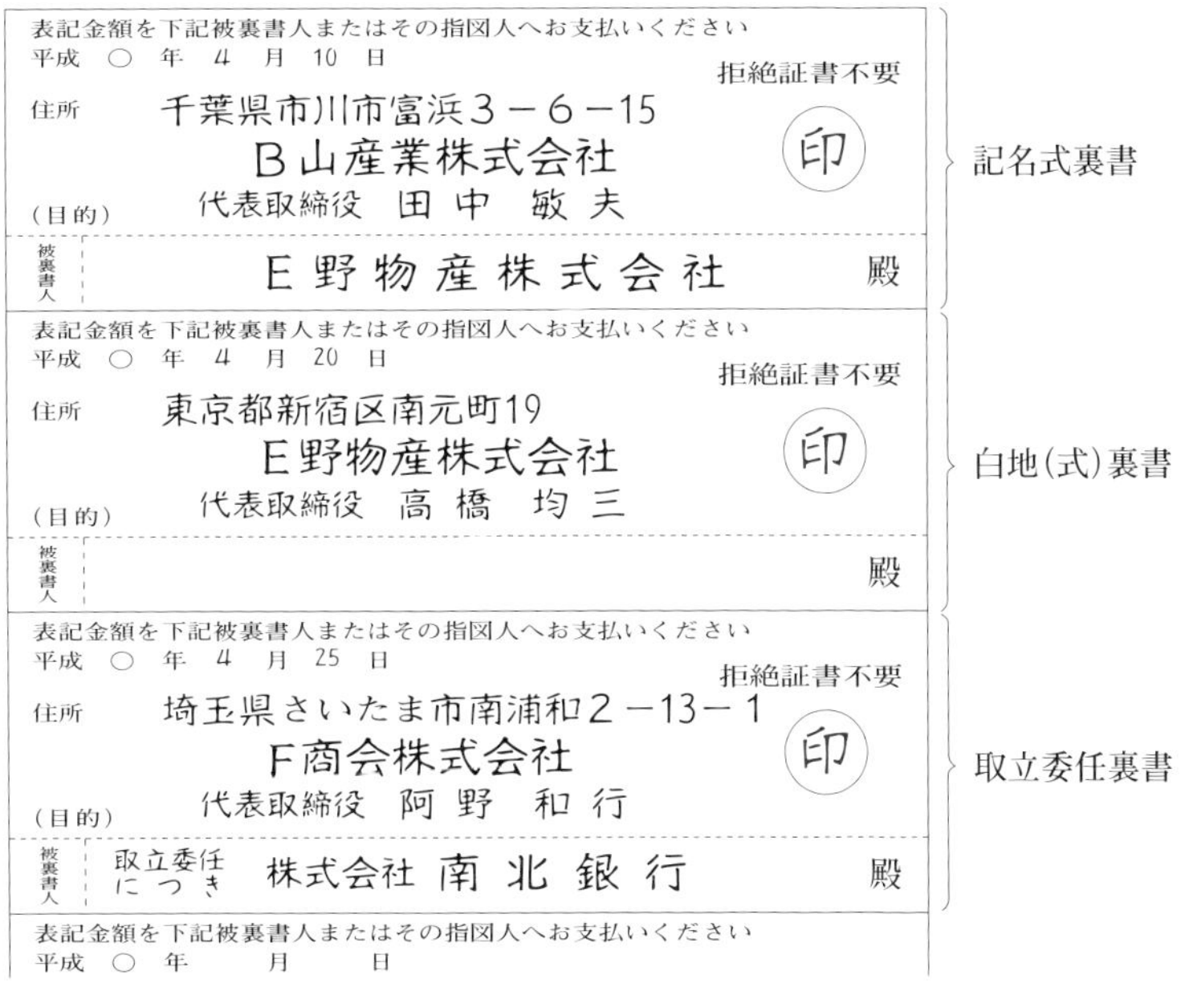

外国為替の仕組み

日本の国内でお金を送ったり決済することを内国為替といいますが、国と国をまたいで外国の通貨で行う場合、それを「外国為替」といいます。

銀行で行う外国為替の主な取引としては「両替」「送金」「貿易取引」などがあげられます。

「両替」は日本の通貨である円を米ドルのような外国の通貨に替えたり、またその逆で外国の通貨を円に替えたりすることをいいます。

通貨も物と同じで毎日売買が行われており、その時に売られる量・買われる量で価値が変動しますが、これを「外国為替相場」といいます。

円高と円安について

現在、日本は「変動相場制」をとっています。政治がうまくいっている信用力の高い国の通貨は高くなります。また、経済の見通しや通貨の需給により、日々相場は変動しています。

外貨に対して円の価値が高くなることを「円高」、安くなることを「円安」といいます。

円とドルを例にあげてみましょう。1000円をもって1個＝1ドルのハンバーガーを買いに行きます。税金・為替手数料は考えないこととします。

・1ドル＝100円の場合

1000円で10個買うことができます。

1000÷100＝10

・1ドル＝120円の場合

1000円で8個買うことができます。

1000÷120≒8.33333

ハンバーガーの価値は変わっていませんが、為替が変わると、同じ1000円で買える数が変わってきます。つまりハンバーガーが10個買えた1ドル＝100円に比べて、8個しか買うことができない1ドル＝120円は、円の価値が下がった＝円安ということです。

1ドルが100円か120円、わずかな差でも金額が大きくなるとかなり変わってきます。

輸出を行う企業が半年で売上げ10万ドルをあげたとします。円換算額は1ドル＝120円なら1200万円、1ドル＝100円なら1000万円にしかなりません。このなかから人件費や仕入れの材料費を払っていくことになります。

この為替相場の変動によるリスクを軽減するため、海外に工場を置き、現地通貨で人件費・材料費を支払う企業も多くあります。このように為替の変動は企業の収益に大きな影響を与えます。

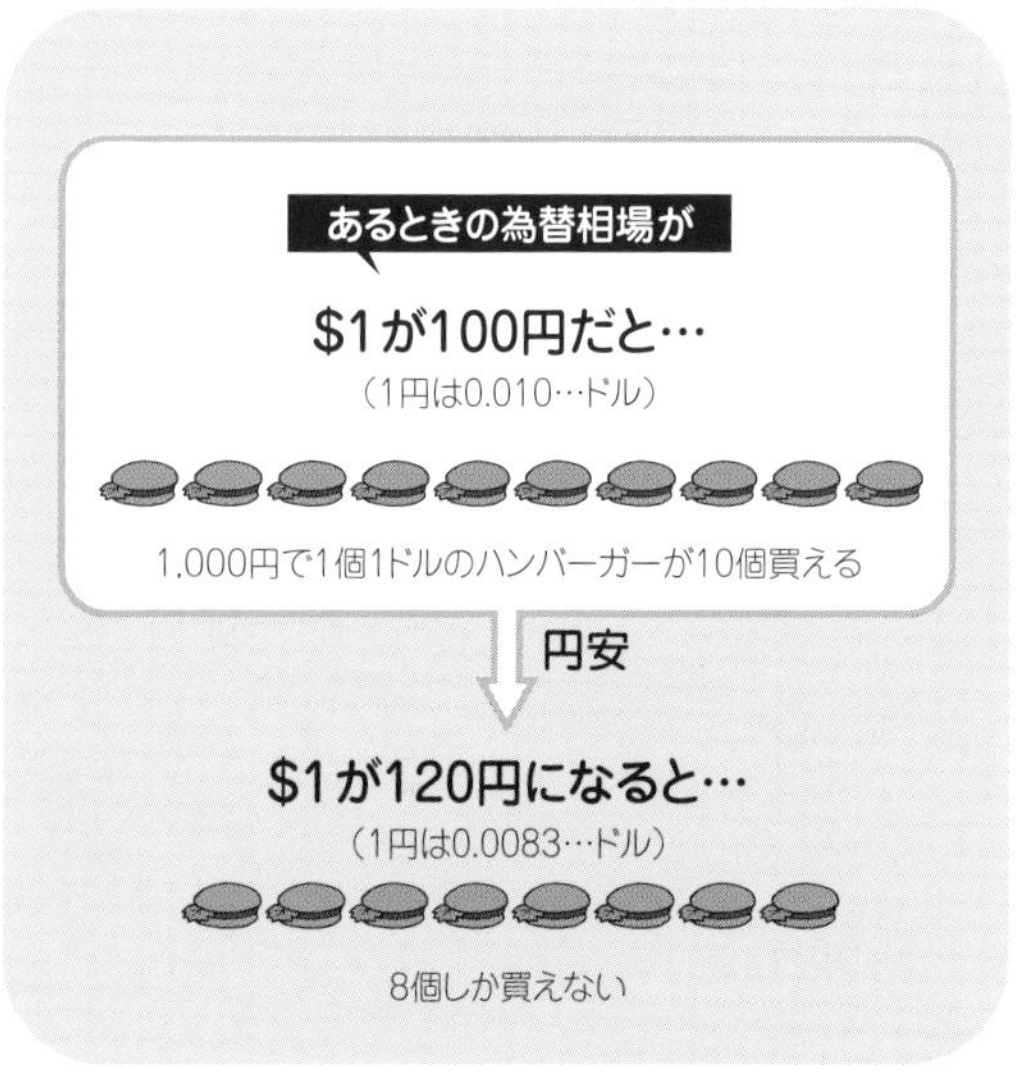
あるときの為替相場が
$1が100円だと…
（1円は0.010…ドル）
1,000円で1個1ドルのハンバーガーが10個買える
円安
$1が120円になると…
（1円は0.0083…ドル）
8個しか買えない

公示相場仲値レート　TTM (Telegraphic Transfer Middle rate)

外国為替相場は常に変動していますが、銀行は当日の外貨売買を行うにあたり基準のレートを決めます。東京市場で午前10時頃に発表されるインターバンク取引実勢レートを基準に各行にて決定しています。この仲値を基準に、各行所定の交換手数料を上乗せ（米ドルであれば通常1円程度）して、実際の外貨売買のレートが定められます。

電信売相場　TTS (Telegraphic Transfer Selling rate)

銀行がお客さまに外貨を売

る、つまりお客さまが日本円を外貨に交換する際に適用されるレートを電信売相場（ＴＴＳ）といいます。ＴＴＳとＴＴＭの差額が銀行の売買益になります。

電信買相場　ＴＴＢ (Telegraphic Transfer Buying rate)

ＴＴＳとは逆に、銀行がお客さまから外貨を買う、つまりお客さまが外貨を日本円に交換する際に適用されるレートを電信買相場（ＴＴＢ）といいます。ＴＴＢとＴＴＭの差額が銀行の売買益になります。

外国送金

日本の国内で送金を行うように日本から外国へ、外国から日本への送金を行うことを外国送金といいます。国内から国外への送金が「仕向送金」、国外から国内への送金が「被仕向送金」になります。

外国送金にも、いくつかの方法があります。

①電信送金
(Telegraphic Transfer)

依頼人の委託に基づいて送金銀行（仕向銀行）が支払銀行（被仕向銀行）に対して電信で支払指図書を送り、受取人の預金口座に入金または支払を行います。支払方法には受取人に送金到着を知らせて支払を行う「通知払い」と、受取人が支払銀行の店頭に出向き支払を受ける「要求払い」があります。

②普通送金 (Mail Transfer)

基本的には電信送金と同じですが、支払指図書を郵便などで支払銀行宛に発信するものです。

③送金小切手 (Demand Draft, Remittance Check)

仕向銀行が外国にある金融機関を支払人として、受取人を指定した送金小切手を送付することを「送金小切手」といいます。

両替取引

日本円と米ドルの交換など、他通貨（外貨）と交換することを外貨両替といいます。通貨の交換は、円貨を外貨に交換するときのレートを前述のＴＴＳ、外貨を円貨に交換するときのレートをＴＴＢといいます。レートは市場のレートに手数料を加味して決めるので、銀行によって異なります。

窓口のほか、外貨宅配を行う銀行や、両替商の許可をもつ外貨両替専門店でも両替ができます。硬貨などの補助通貨は両替の対象にはなりません。

両替できる通貨は主要な通貨に限られています。

貿易取引

貿易取引とは異なる国の輸入者と輸出者の間で商品の売買取引を行うことで、売買契約時に交わされた契約に基づいて代金の決済を行います。決済方法には「送金ベース」「信用状ベース」「取立ベース」の3種類があります。

電信送金の仕組み

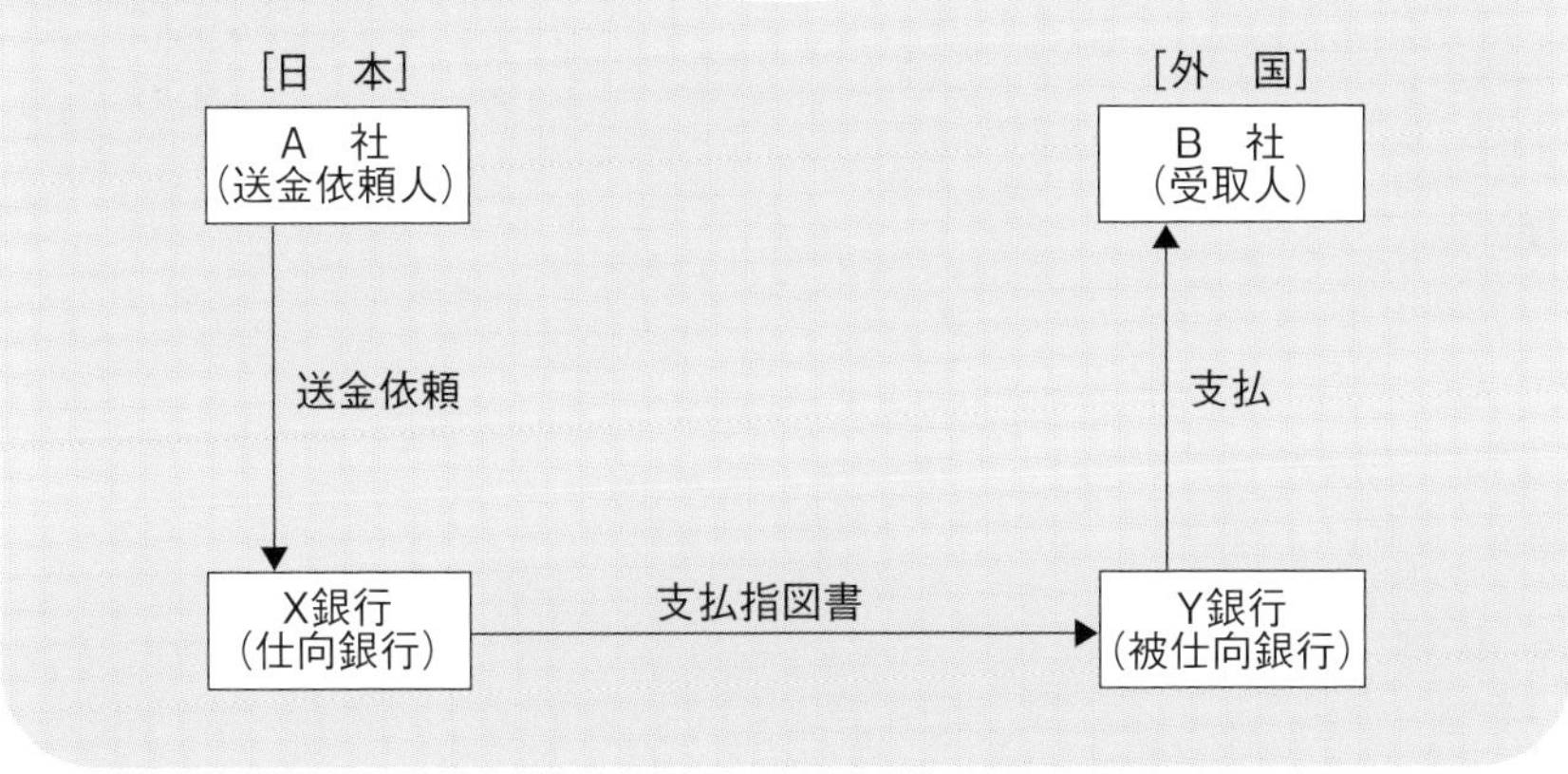

送金小切手の仕組み

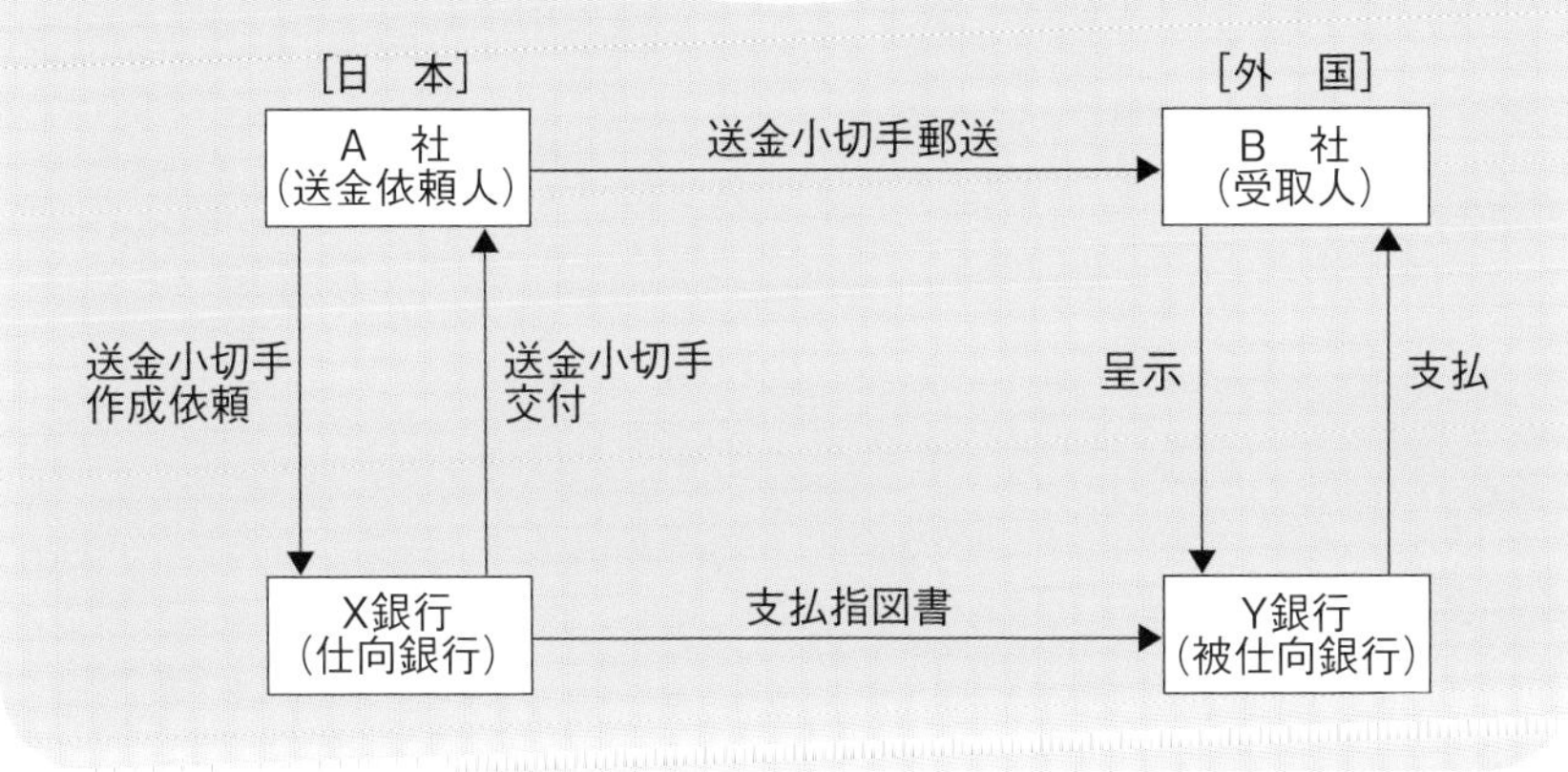

Point Check!

ポイントチェック

Q1 ～ Q10 のうち
正しいものは、どれでしょうか？

Q1
内国為替は決済方法により、資金を送る方法（送金・振込み）と、取り立てる方法（代金取立）に分けることができます。

Q2
特定線引小切手とは、小切手の表面に２本の平行線を引いたものをいいます。平行線の間に「銀行渡り」「銀行」「Bank」などの文字があるものもあります。

Q3
手形・小切手は、それ自体にお金と同等の価値があるということで「有価証券」といわれます。

Q4
銀行が当日の外国為替取引に適用する相場として店頭に掲示する相場を「公示相場」といい、「売相場」「買相場」などがあります。

Q5
特定線引小切手は、どの銀行にもっていっても、額面どおりの金額が支払われます。

Q6
約束手形は、将来の一定の期日（満期）に一定金額を支払うという約束（支払約束）をした証券です。

Q7
全国銀行データ通信システム（全銀システム）には、銀行や信用金庫、信用組合等、民間金融機関の大部分が加盟しています。しかし、農業協同組合は加盟していません。

Q8
銀行がお客さまに外貨を売るときに適用する相場を電信買相場（TTB）といいます。米ドルの場合、仲値（TTM）に１円ほど上乗せして決められます。

Q9
約束手形は、受取人が支払期日前にお金が必要になった場合、約束手形を銀行に持参し、支払期日までの割引料を支払って現金に換えることもできます。

Q10
自己宛小切手を利用するには、あらかじめ銀行に当座預金口座を開設すること、支払資金をあらかじめ当座預金に預け入れることが必要です。

正解

Q1 ○
Q2 × 設問の小切手は、線引小切手を指します。
Q3 ○
Q4 ○
Q5 × 特定線引小切手は、線内に記入された銀行に対してのみ支払うことができます。線内に記入された銀行が支払銀行自身の場合は、自行の取引先に対してのみ支払ができます。
Q6 ○
Q7 × 全国銀行データ通信システム（全銀システム）は、都市銀行、地方銀行、第二地方銀行、信託銀行、長期信用銀行、信用金庫、信用組合、労働金庫、農業協同組合など、民間金融機関の大部分を網羅したオンラインネットワークです。
Q8 × 銀行がお客さまに外貨を売るときに適用する相場を電信売相場（TTS）といいます。
Q9 ○
Q10 × 自己宛小切手は、当座預金口座を開設しなくても、前もって銀行にお金を払い込み、自己宛小切手をつくってもらうことで利用できます。

銀行でよく出る単語集

A〜Z

ATM (Automated Teller Machine)

オートメイテッド・テラー・マシーンの略。現金自動入出金機のことで、入金・支払・通帳記帳・残高照会・振込み・振替え、そのほかに通帳の繰越発行のできる機種もある。ほとんどの金融機関が提携していて、取引金融機関以外のATMからでも利用できる。駅やコンビニエンスストア等にも設置され、24時間稼働するなど便利になっている。金融機関にとっても、事務処理コストの低減が可能となり、おおいに普及している。

BCP (Business Continuity Planning=業務継続計画)

災害や事故などで事業が存続できなくなるリスクを事前に分析・想定し、事業継続の視点から対応策をまとめた行動計画のこと。金融機関は一般企業にもまして公共的な使命からその整備が強く求められている。

CS (顧客満足)

Customer Satisfactionとは、お客さまの期待・満足を事前にキャッチし、その期待を超える商品やサービスを提供することで、お客さまの満足度を高め、長い間にわたって取引をしていただけるファンをふやし、お客さまから選ばれる企業を目指していくもの。

FATCA (外国口座税務コンプライアンス法)

「FATCA（外国口座税務コンプライアンス法、ファトカ）」は、日本のような、米国からみた外国の金融機関に対して、特定米国法人が保有する口座の有無をチェックし、該当する口座情報を米国の税務当局に毎年報告する制度。原則、日本国内の金融機関で対応が必要。

あ行

裏書

手形や小切手は有価証券で、それ自体に価値があるため、受け取った手形や小切手を銀行で現金化することができたり、それで商品を買うこともできる。このいずれの場合も手形・小切手の譲渡という。

手形を譲渡する場合、譲渡する人（企業）は手形の裏に、確かに譲渡したという証拠を残す意味で記名・捺印する必要がある。これを裏書といい、裏書人の記名・捺印が連続している場合には、手形の譲渡、つまり支払期日に支払を受ける権利の移転が正式に行われたことになる。ただし、手形の裏書の記名・捺印が連続していない場合は、正式に譲渡されたものとはみなされず、所持人は支払を受けることができない。

か行

間接金融・直接金融

会社や国がお金を集めるには、2通りの方法がある。一つは銀行から借りる方法、もう一つは株式や社債、国債を発行して集める方法。

銀行から借りるお金は、多くの預金者が預けたお金で、そのお金を銀行を通して間接的に借りるために間接金融という。一方、株式や社債などを発行して、多くの個人などから直接お金を借りる方法を直接金融という。

基準価額

取引を行う際の単位は「口《くち》」と呼ばれ、投資信託の一口あたりの値段が基準価額である。投資信託を購入・換金する際は、基準価額で取引される。投資信託の資産のうち、投資家に帰属する額を「純資産総額」という。この純資産総額を投資信託の口数で割ると、一口あたりの価額、すなわち「基準価額」が算出される。

機微情報(センシティブ情報)

要配慮個人情報ならびに労働組合への加盟、門地、本籍地、保健医療および性生活に関する情報で、個人情報よりも厳格な取扱いが定められている。

金融市場

資金の貸し手と借り手が必要に応じて、それぞれの仲介役（金融機関）を通して金融取引が行われる「場」のことをいう。金融市場は、さまざまな取引形態や資金の性格、参加者の範囲などにより、いくつもの部分市場に分けられている。

金融サービス提供法

「金融商品販売法」の一部が改正され、「金融サービスの提供に関する法律（以下、金融サービス提供法）」となった。この法律では、金融商品販売業者等が金融商品を販売するときなどに、元本割れリスクや信用リスク等、顧客に対し

銀行でよく出る単語集

て説明をすべき事項の説明義務を課し、当該事項について説明をしなかったことにより当該顧客に損害が生じた場合に、金融商品販売業者等の損害賠償の責任その他の金融商品の販売等に関する事項を定めている。また、金融サービス仲介業を行う者について登録制度を実施し、その業務の健全かつ適切な運営を確保することにより、金融サービスの提供を受ける顧客の保護を図ることとした。

金融商品取引法

２００６年６月「証券取引法」を改正した「金融商品取引法」が成立し、２００７年９月末に施行された。この法律は、幅広い金融商品について横断的・包括的な法を整備し、顧客保護を徹底するものである。

規制対象商品は、投資性の強い外貨預金、デリバティブ預金、変額保険・年金などである。対象商品について販売・勧誘を行う際は、標識の掲示義務、広告規制、契約締結前・締結時の書面交付義務、適合性の原則、各種禁止行為などの規定を定めている。適合性の原則において不適当と認められる場合には、勧誘自体をしてはいけないという一定の行為を禁止した規定となっている。

現金その場限り

お客さまとの現金授受は必ず面前で行い、正確であることを確認しなければならないということ。その場で確認せず、後から「現金が不足している」といっても了解してもらえず、トラブルとなってしまうおそれがあるということ。

工場財団

工場抵当法（１９５０年制定）に基づき、抵当権の目的とするために、工場に属する土地・建物・機械・器具等の設備、または工業所有権などの全部または一部をもって組成した財団（設備や権利などを別々に担保とせずに、一つの不動産として担保の目的とすることができる）。

公序良俗

公共の秩序、みんなで守るべき健全な習慣（風俗）の略語。両者をあえて区別する必要はなく社会的妥当性が認められる道徳観。

個人識別符号

マイナンバーや医療保険・介護保険の被保険者番号等、対象者ごとに異なるものとなるように書類に付される符号。

護送船団方式

戦後日本の金融政策で、戦時中に客船・貨物船の船団を護衛艦がガードして航海するときに、最も速力の遅い船に合わせたことからいわれるようになった。

規制により弱小の金融機関に足並みを揃え、過度の競争を避けて、金融機関全体の存続と利益を実質的に保証する政策。

さ行

資金の仲介機能

金融仲介機能ともいわれ、お金の橋渡しの役割を果たす、銀行の基本的機能の一つ。専門的な知識や情報・判断力を有した銀行が、資金の貸し手と借り手の仲立ちをして、貸し借りを取りまとめる。

指名債権

たとえば、「甲野太郎を債権者とする債権」のように債権者が特定している債権。

消費者契約法

不当な勧誘行為によって締結した契約については消費者側に取消権を与え、消費者の利益を不当に害する契約条項は無効となる旨を規定。

不当な勧誘行為としては、不実告知（重要項目について事実と違うことをいう）、過量契約（通常の分量を著しく超える）、断定的判断（不確実なことを断定的にいう）、不利益事実の不告知（重要な項目について不利益になることをいわない）、不退去（帰らない）、退去妨害（帰してくれない）、がある。

不当な契約条項としては、事業者の損害賠償責任を免除する条項、消費者の解除権を放棄させる条項、不当に高額な解約料・遅延損害金を予定する条項、信義誠実の原則に反して消費者の利益を一方的に害する条項、がある。

信用創造機能

銀行に預けられたお金を貸し出すことによって、もともと預けられたお金の何倍ものお金が、広く世の中で使われるようになる銀行特有の機能をいう。

税金

預金の利息に対して２０１３年１月１日～２０３７年12月31日までの25年間、復興特別所得税として、所得税額×２・１％

が追加として課税された。これに伴い、所得税および復興特別所得税15・315%、住民税5%の合計20・315%が源泉徴収される。

全国銀行協会

日本国内で営業活動を行っている銀行を会員とする組織。１９４５年９月、各地域にある銀行協会の連絡協調の場として発足をした。

決済システムの共同事業、銀行業務に関する調査、研究、課題に取り組むなど、幅広い活動を行っている。

全国銀行データ通信システム（全銀システム）

都市銀行、地方銀行、第二地方銀行、信託銀行、信用金庫、信用組合、労働金庫、農業協同組合など、民間金融機関の大部分を網羅したオンラインネットワーク。全国銀行内国為替制度における加盟金融機関間の為替通知の発受信などを行っている。

た行

電子交換所

全国銀行協会が設置、運営している手形交換所。電子交換所では、お客さまから手形・小切手の取立依頼を受けた金融機関が作成した手形・小切手のイメージデータを、電子交換所システムによりOCR読取してデータ化し、金融機関間で送受信することにより決済を行う。

な行

日本版金融ビッグバン

「ビッグバン」とは、ロンドン証券取引所で行われた証券市場改革を指す言葉。「日本版金融ビッグバン」は、日本で実行された銀行・証券・保険の３分野を対象とする大規模な金融システム改革。

は行

バーゼルⅢ

新バーゼル規制のことで、日本の３メガバンクなど、国際的に活動する有力金融機関が対象。世界的な金融危機の教訓を踏まえ、経営危機に陥ったときに損失を穴埋めできる十分な自己資本をもつことを銀行に義務づけるもの。

ファイナンシャル・プランナー（FP）

個人の生活設計に合わせて経済面の補助をしたり、資金繰りの計画を作成する際にアドバイスをする職業。金融財政事情研究会と日本ＦＰ協会の実施する厚生労働省認定のファイナンシャル・プランニング技能検定がある。

複利型・単利型

利息計算方法の一つで、継続的に預け入れる預金について、一定期間の利息を元本に組み入れることを複利型という。利息を中途で元本に組み入れることをしない方式を単利型という。

ま行

マイナンバー

２０１６年１月より、日本に住む個人一人ひとりに「個人番号」をつけ、社会保障や税の手続に活用する番号。金融機関も企業として給与所得・退職所得の源泉徴収票等に個人番号を記載する必要がある。

金融業務においても投資信託やＮＩＳＡ等の開設時にはマイナンバーの提示が必要となる。

や行

要配慮個人情報

個人情報保護法改正では、これまで機微（センシティブ）情報と呼ばれ厳格な取扱いが求められていた個人情報について、新たに「要配慮個人情報」として明示した。取得および第三者提供については、原則として本人の同意を得ることを義務化した。該当する情報は、「人種、信条、社会的身分、病歴、前科・前歴、犯罪被害情報等」。

与信業務

取引先に対して、信用を供与することをいう。銀行における与信行為には、資金の供与を伴う手形貸付、証書貸付、手形割引（商業手形）といった形態と、資金の供与を伴わない支払承諾（保証）がある。いずれの場合も、銀行による審査の結果、取引先の債務の履行に懸念がなく、銀行がこれによって相応の利益を期待できると判断して行われる。

著者の紹介

長塚 孝子（ながつか たかこ）

株式会社 孝翠 代表取締役
教育コンサルタント

【略 歴】
横浜銀行出身。テラー、営業課長、本部でテラーの育成、店頭指導、行内外研修の講師を担当。ダイレクトバンキングセンターグループ長を経て独立。アドラー流メンタルトレーナー、JHMA認定ホスピタリティ・コーディネータ。各種研修、セミナー、執筆等で活動中。

【著 書】

『知っておきたい！　職場のルールと応対マナー――200％好感度アップの実践マニュアル』

『お客さまのハートをつかむ！　成果があがるテラーの会話術―「見る・聞く・話す」でセールスの達人になる』（共著）

（以上、近代セールス社）

『もうヤダこんな後輩！　先輩のための後輩トリセツ』

（きんざい）

『図解即戦力 銀行業界のしくみとビジネスがこれ１冊でしっかりわかる教科書』監修（技術評論社）

『JA金融法務2019年10月増刊590号 JA営業店必携 住宅ローン・小口ローン推進の手引き』（共著）（経済法令研究会）

図説 金融ビジネスナビ 2024
――金融機関の仕事編

2023年８月10日　第１刷発行
（2006年６月28日　初版発行）

著　者　長　塚　孝　子
発行者　加　藤　一　浩
印刷所　株式会社日本制作センター

〒160-8519　東京都新宿区南元町19
発 行 所　一般社団法人 金融財政事情研究会
編 集 部　TEL 03(3355)2251　FAX 03(3357)7416
販売受付　TEL 03(3358)2891　FAX 03(3358)0037
URL https://www.kinzai.jp/

・本書の内容の一部あるいは全部を無断で複写・複製・転訳載すること、および磁気または光記録媒体・コンピュータネットワーク上等へ入力することは、法律で認められた場合を除き、著作者および出版社の権利の侵害となります。
・落丁・乱丁本はお取替えいたします。定価は表紙に表示してあります。

ISBN978-4-322-14355-3